시(詩)가 머문 자리
성(性)의 그림자, 사랑의 빛

시(詩)가 머문 자리

성(性)의 그림자, 사랑의 빛

고석근

여는 글

성(性)이 진흙이라면
사랑은 연꽃이다.

진흙에서 피어나지 않는 연꽃은
살아 있는 연꽃이 아니다.

이 세상에는
가화(假花)가 너무나 많다.

우리는 지금
가상현실(假想現實)의 시대에 살고 있다.

가상과 현실이 한데 뒤섞여
구분되지 않는다.

실체는 연기처럼 사라진다.

모든 존재는
하나의 기호로 존재한다.

우리는 다시
손이 물컹물컹 닿는 세계로 돌아와야 한다.

그리하여 다시
이 세계를 빚어내야 한다.

삼라만상을 재료로
자신을 재료로

연꽃을
피워내야 한다.

2025년
가을이 오는 길목에서
고석근

차례

여는 글   04

1장. 슬픈 풋사랑

인간은 이성적 동물이 아니다	15
너 자신을 발명하라	17
슬픈 사춘기(思春期)	19
슬픈 풋사랑	21
성평등(性平等)	23
성과 죽음과 영원	26
'사랑'을 위하여	29
'베아트리체'를 위하여	32
플라토닉 러브(Platonic Love)	34
불멸의 여인	36
사랑의 헤테로토피아	38
고양이의 꿈	41
사랑은 야채 같은 것	43
술래잡기	45

2장. 쾌락을 넘어서

신의 몸	49
음화	52
쾌락을 넘어서	54
여성에 관하여	57
샘	59
'백살 공주'를 위하여	61
성(性) 선택권	64
백마	66
그리운 것은 다 님이다	68
사랑의 힘	70
'온전한 인간'을 향하여	73
여성의 몸 1	75
여성의 몸 2	78
아버지와 딸	81

3장. 사랑에 빠질수록 혼자가 되라

집을 떠나라 85

사랑에 빠질수록 혼자가 되라 87

슬픔 89

남자를 위하여 1 92

남자를 위하여 2 95

남자를 위하여 3 98

사랑과 전쟁 1 101

사랑과 전쟁 2 103

사랑과 전쟁 3 106

사랑과 전쟁 4 108

열 번 찍어 안 넘어가는 나무 없다 110

성(性)에 대하여 113

운우지락(雲雨之樂) 116

성농담과 성희롱 사이 118

4장. 성과 사랑의 거리

아줌마가 된 소녀를 위하여	123
'바리공주'를 위하여	125
땅감나무	128
성과 사랑의 거리	130
작은 짐승	133
부부	135
부부론	137
부부의 해로(偕老)	140
부부생활	143
가구 부부	146
아내의 꽃	149
취하라	152
잠시 잠깐, 생	154
마른 물고기처럼	157

5장. 욕망이여 입을 열어라

인간은 사회적 존재다 1	163
인간은 사회적 존재다 2	165
책과 창녀	167
화장과 폭력 사이	170
개 줄 당기기	173
원죄의식(原罪意識)	176
나는 소망한다 내게 금지된 것을	178
다른 이름	180
실용적인 마술	182
콩나물 다듬기	184
사디스트와 마조히스트	186
성과 폭력	189
욕망이여 입을 열어라	191
아버지의 나라	194

6장. 영원을 향하여

아버지와 아들 1	199
아버지와 아들 2	202
아버지와 아들 3	205
'모계사회'를 향하여	208
남자로 산다는 것	211
여자의 일생	214
어머니의 일생	216
수처작주 입처개진(隨處作主 立處皆眞)	219
사랑은 주는 것이다	221
혼음의 거리	223
아름다운 우리들의 성	225
일즉다 다즉일(一卽多 多卽一)	227
영원을 향하여	230
우리는 전체(全體)다	233
서평	236

1장

슬픈 풋사랑

인간은 이성적 동물이 아니다

미끈대는 검은 욕정
그 어둠을 찢는
처절한 미소로다

- 허영자, 〈연(蓮)〉 부분

한평생 단정하게 살아온 한 여성이
노년이 되어 치매에 걸렸다고 한다.
그러자 음담패설을 입에 달고 살더란다.

시인은 용맹정진하는 한 수도승을 보았을 것이다.
겉으로는 단아한 모습, 연꽃으로 보인다.
하지만,
시인은 그의 내면에서 '미끈대는 검은 욕정'을 본다.
겉모습에서 '그 어둠을 찢는 처절한 미소'를 본다.

조선 최고의 기생이자 뛰어난 시인이었던 황진이는
30여 년간 면벽 수련한 지족 선사를 찾아가 유혹한다.
그 당시 생불(生佛)로 칭송받던 지족 선사를 시험한 것이다.
'당신, 정말 진흙에서 연꽃을 피웠소?'
그는 파계승으로 전락하고 만다.
지족 선사에게는 참으로 고마운 일이다.
진짜 인생을 살아 볼 기회가 생겼으니까.

인간은 이성적 동물이 아니다.
이성으로야 무슨 생각을 못 하랴?
30여 년 동안 벽만 보며 수도해도,
자신을 속일 수 있는 것이다.
'나, 깨달았도다!'
천하를 굽어보며, 호령할 수 있는 것이다.

인간만이 정신병에 걸릴 수 있다.
인간은 '무의식(無意識)의 동물'이다.
자신도 모르는 마음,
그 마음이 우리의 진정한 마음이다.
우리는 항상 자신의 몸과 마음을 깊이 살펴보아야 한다.
제대로 살기 위하여.

너 자신을 발명하라

여자의 육체, 하얀 구릉, 눈부신 허벅지,
몸을 내맡기는 그대의 자태는 세상을 닮았구나.
아 불두덩의 장미여! 아 슬프고 느릿한 그대의 목소리여!

내 여인의 육체여, 나 언제까지나 그대의 아름다움 속에 머물러 있으리.

- 파블로 네루다, 〈사랑의 시〉 부분

한 선사가 만행(萬行)을 하다 어느 마을에 들어가게 되었다.
그러자 과부가 유혹했다.
그 선사는 과부와 하룻밤을 함께 자게 되었다.
한참 사랑을 나누고 있는데, 마당의 감나무에서
홍시가 툭! 떨어졌다.
선사는 사랑 행위를 멈추고 부리나케 뛰어나가

홍시를 맛있게 먹었다.
그다음 날 아침, 과부는 선사를 따라나서 그의 제자가 되었다.

언뜻 생각하면, 그 선사 참으로 '매너'가 없다.
그 과부의 심정은 전혀 헤아리지 않는다는 말인가?
하지만 곰곰이 생각해보면, 그 선사, 경지에 오른 사람 같다.
삼라만상, '인연(因緣)'이 아닌가?

회자정리(會者定離), 만나면 헤어지는 것. 거자필반(去者必返),
떠나면 언젠가는 다시 만나게 되는 것.
따라서 우리는 만남과 헤어짐을 '쿨'하게 할 수 있어야 한다.
세상만사 고정불변한 것은 없으니까.

우리는 무한히 자신을 발명해야 한다.
새로운 자신으로 계속 거듭나야 한다.
그 과부는 선사에게서 이러한 '삶의 이치'를 보고
제자로 따라나선 게 아니었을까?
영원불변한 나, 영원불변한 너… 다 집착의 산물이다.
우리는 서로의 아름다움만 간직한 채,
미련 없이 서로를 떠날 수 있어야 한다.

슬픈 사춘기(思春期)

클레오파트라의 피 먹은 양 붉게 타오르는
고운 입술이다……스며라, 배암!

우리 순네는 스물 난 색시, 고양이같이 고운 입술……
스며라, 배암!

- 서정주, 〈화사(花蛇)〉 부분

내 인생의 봄은 중학교 2학년 때 시작되었다.
내게 여러 2차 성징이 나타나며,
나는 억제할 수 없는 성욕을 느꼈다.
어른들이 볼 때는 참으로 싱그러운 소년으로 보였을 것이다.
하지만, 나는 나를 주체할 수가 없었다.

어느 날 내게 온 '꽃뱀(花蛇)', 어떻게 해야 하나?
나는 시인처럼 시달렸다.
'우리 순네는 스물 난 색시, 고양이같이 고운 입술······/ 스며라, 배암!'

그러다 고등학교 1학년 때, '동화 속의 백조'를 만났다.
95번 시내버스를 타고 가는데,
목발을 짚고 있던 한 여고생이 버스에서 내리다 넘어졌다.
그녀 옆에 목발이 나뒹굴었다.
나는 집에 가서 단편 소설을 하나 썼다.
제목은 '동화 속의 백조'
'나는 넘어진 그녀를 보고서 얼른 버스에서 내렸다··· 그녀의 두 팔을 잡고 일으켜 세우며 말했다. "동화 속의 백조 같아!"'

그 당시 고등학생들이 많이 보던 잡지 '학원'에 투고했다.
독자란에 실렸다. 나는 그녀에게서 편지가 오기를 기다렸다.
나의 '성과 사랑'은 두 개로 분리되었다.
'육욕적인 성'과 '플라토닉 러브'
나는 아득히 먼 이 둘 사이에서 오랫동안 방황했다.
누가 그때 내게
'그 두 개가 실제로는 하나'라고 가르쳐주었더라면 얼마나 좋았을까?

슬픈 풋사랑

배추꽃 속에 살며시 흩어놓은 꽃가루 속에
나두야 숨어서 너를 부르고 싶기 때문에

- 이용악, 〈꽃가루 속에〉 부분

내게는 '슬픈 풋사랑'이 있다. 초등학교 6학년 때,
옆 분단의 뽀얀 여자아이의 웃는 눈과 마주쳤다.
가지런한 하얀 이가 지금도 눈앞에 선명하다.
초등학교를 졸업하며, 그 아이는 여자중학교로 가고,
나는 남자중학교로 갔다.

어느 봄날,
하굣길에 보리밭 사이를 지나다 그 여자아이를 만났다.
나는 눈을 내리깔고 묵묵히 걸었다.
그 여자아이와 함께 '꽃가루 속에' 있던 시간이었다.

어느 날, 그 여자아이에게 편지를 쓰기로 했다.

색 도화지 4장에 펜으로 정성스레 편지를 썼다.
헤르만 헤세와 바이런의 사랑 시를 많이 인용했다.
그 여자아이 학교로 편지를 보냈다.
며칠 후 되돌아왔다.
학교에서 검열하고 내게 되돌려 보낸 것이었다.

그 후 다시는 사랑의 편지를 쓰지 않았다.
그때의 상처가 너무나 컸나 보다.
그 뒤의 나의 구애 행위는
거의 폭력적이었다는 생각이 든다.
'남자는 남자다워야 해!'
나는 거친 모습으로 여자에게 다가갔다.
오랜 시간이 흘러서야
나는 부드러운 남자로 되돌아오기 시작했다.

어느 모계사회에서는 남자들은 노래를 부르며
여자에게 구애한다고 한다.
얼마나 아름다운가!
나는 중년이 되어서야 다시 시를 사랑하기 시작했다.
나의 섬세한 감각을 깨우기 위해 치열하게 노력했다.

성평등(性平等)

화장실 바닥에
거울 놓고
양다리 활짝 열었다.

선분홍
꽃잎 한 점 보았다.

- 진수미, 〈바기날 플라워〉 부분

오래된 백일 사진이나 돌 사진을 보면,
남자아이들은 발가벗은 채 양다리 활짝 열었다.
여자아이들은 꽁꽁 싸맸다.
그들은 한평생 그렇게 살아간다.
남자는 지휘봉을 휘두르며,
긴 가죽 구두를 신고 당당하게 걷는다.

여자는 두 손 모아 움츠리고.

시인은 꼭꼭 숨겨온 자신의 몸을 본다.
'선분홍/ 꽃잎 한 점' 본다.
이제 시인은 아름다운 사랑을 할 수 있을 것이다.
요즘 아이들은 남녀평등을 잘 느끼지 못할 수 있다.
하지만, 그들이 남녀평등 의식은 갖고 있을까?

심층 심리학자 칼 융은 말했다.
"영혼은 그 짝을 찾지 않고는 평화를 얻을 수 없다. 그런데 그 짝은 바로 우리 안에 있다."
요즘 아이들은 자신들의 내면에 '서로의 이성(異性)'을
고이 간직하고 있을까?
이 세상은 인간이 홀로 살아갈 수 있다고 자꾸만 부추긴다.
혼술, 혼밥…

하지만, 인간은 '양성(兩性)적 인간'이 되어야 '온전한 인간'이 된다.
남녀가 사랑하는 것은, 서로의 내면에 있는
'아니마(내면의 여성), 아니무스(내면의 남성)'를 깨우는 수도(修道)의 과정이다.
남녀가 평등하게 만나지 못하면,
인간은 끝내 평온을 찾지 못한다.

한평생 방황하게 된다.

성과 죽음과 영원

네게로 가리.
혈관을 타고 흐르는 매독균처럼
삶을 거머잡는 죽음처럼.

- 최승자, 〈네게로〉 부분

많은 동물이 짝짓기한 후 죽는다.
후손을 남겼으니,
유한(有限)과 무한(無限)이 하나가 되었다.
훌훌 몸을 벗고 영원의 세계로 들어간다.
그런데 인간은 짝짓기하고,
후손을 남긴 후에도 오랫동안 산다.

그럼, 인간에게 성(性)은 무엇인가?
다른 동물의 성과 똑같다.

인간도 성행위를 하며,
영원과 죽음의 세계로 들어간다.
실제로 죽지 않을 뿐,
성과 죽음과 영원은 하나로 연결되어 있다.
우리는 네게로 간다.
"혈관을 타고 흐르는 매독균처럼/ 삶을 거머잡는 죽음처럼."

그래서 인간의 성은
'동물적인 성, 섹슈얼리티(sexuality)'와
'인간적인 성, 에로티시즘(eroticism)'으로 나뉘진다.
인간의 성은 정신(상상력)에 의해 영원으로 간다.
사랑의 신 에로스는
인간의 원초적 성, 아프로디테에게서 태어났다.
그의 아내는 프시케(Psyche)다. 프시케는 정신이다.
따라서 인간의 사랑은
'원초적 성과 인간의 정신이 하나'로 통합되어 있다.

우리가 제대로 사랑하려면,
'성의 원초적인 본능'과 '인간의 고귀한 정신'이
하나로 연결되어야 한다.
말초적 쾌락이 중심인 성행위는 인간적이지 않다.
인간을 동물로 추락하게 한다.

현대인은 '인간의 성'을 회복해야 한다.

'사랑'을 위하여

오직 사랑만을 위해 사랑해 주세요.
사랑의 영원함으로

- 엘리자베스 배릿 브라우닝, 〈그대 나를 사랑한다면〉 부분

매슬로의 욕구 5단계를 보자.
첫째는 생리적 욕구, 둘째는 안전의 욕구다.
이 두 욕구가 채워지면,
세 번째 '사랑의 욕구'를 추구하게 된다.

지금 우리 사회는 '사랑의 욕구'가 마구 분출하고 있다.
5060 세대와 얘기하다 보면,
다들 '진정한 사랑'을 하고 싶다고 한다. 슬프다.
우리는 젊은 날의 청춘 시절을 세월의 강물에 흘려보내고 말았다.

'일하고 돈 벌고…'
가장 낮은 단계의 욕구만 추구하며 살아야 했다.

그래서 우리는 인생의 후반기에 사랑하고 싶은 것이다.
지금 젊은 세대들은 사랑을 제대로 하고 있을까?
그들도 온갖 지식을 쌓느라,
마음의 소리를 들을 수 없었을 것이다.
생리적 욕구를 넘어서는 사랑은 별로 하지 못하는 것 같다.
인간은 타인을 진정으로 사랑하지 않으면,
정신적으로 성숙하기 힘들다.
자신밖에 모른다. 계속 낮은 단계의 욕구에 머무르기 쉽다.

그래서 우리 사회에는 향락 산업이 눈부시게 번창하고 있다.
불야성을 이루는 밤 문화. 언뜻 보면, 신난다.
사람들은 우리나라를 '신나는 지옥'이라고 한다.
소위 선진국들은 '심심한 천국'이고,
우리는 심심한 천국에서 살 수 없을 것이다.

진정한 사랑을 하게 되면, 욕구가 상승한다.
자존감(自尊感)이 생겨난다. 자신이 고귀해진다.
자신을 존중하는 사람만이 남을 사랑하고,
세상을 사랑할 수 있다.

자존감을 알게 된 정신은
5단계 '자아실현'을 향하여 나아가게 된다.
자신을 활짝 꽃 피우게 된다.

'베아트리체'를 위하여

  우리 육체의 집을 지어도 그 문가에서 서성거리는 것은 마음의 집이 멀리 있기 때문이다.

- 이성복, 〈집〉 부분

  아마 5060 세대는 젊은 시절에 '천상의 여인'을
가슴에 품고 있었을 것이다.
바라보기만 해도 눈 부신 여인.
'1274년 어느 봄날, 파티에서 어린 단테는 베아트리체라는 이름의 소녀를 보고는 한순간에 경외심에 사로잡혔다.'
  그 후 베아트리체는 단테의 불멸의 여인이 되었다.
  그 당시 단테는 아홉 살, 베아트리체는 여덟 살이었다.

  천상의 여인.
'베아트리체'는 우리 각자의 가슴에 영원히 살아 있다.

그 여인에게는 감히 성적인 행위는 상상조차 하지 못했다.
성적인 행위는 '지상의 여인들'에게 했다.
육체와 정신의 분리, 그 당시 청춘 남녀들의 사랑의 철학이었다.

지금도 이런 '플라스틱 사랑'을 하는 사람이 많은 것 같다.
그런 사람들을 보면, 허공에 떠 있는 것 같다.
'사랑의 집'은 마음과 육체가 하나인 집이다.
사랑의 집을 따로 짓게 되면,
우리는 두 집 사이를 오가다 쓰러지게 된다.

베아트리체는 미완의 사랑이 만든 허상이다.
인간의 욕망은 결핍에서 나온다.
베아트리체는 결핍이 만든 욕망의 환상일 뿐이다.
인간의 마음은 육체 그 자체다. 육체를 떠난 마음은 없다.
사랑도 육체에서 출발하지 않으면, 환상일 뿐이다.
남녀는 섹스에서 '죽어도 좋아!'를 체험해야 한다.
찰나가 영원이 되는 사랑, 이것이 불멸의 사랑이다.

플라토닉 러브(Platonic Love)

바라만 보며 향기만 맡다
충치처럼 끼멓게 썩어 버리는

- 서안나, 〈모과〉 부분

키릴 세레브렌니코프 감독의 영화 '차이콥스키의 아내'는
한 젊은 여성의 광기 어린 사랑을 보여준다.
19c 러시아 귀족 가문 출신의 안토니나는
러시아 최고의 작곡가 차이콥스키를 처음 본 날부터
원하는 건 단 하나였다.
"그는 신이 주신 영원한 남편이에요. 차이콥스키의 아내, 그게 내 운명이에요. 당신 곁에서 끝까지 이 사랑을 지키겠습니다."

우리는 가끔 눈이 부셔

감히 마주 보지 못하는 사람을 만날 때가 있다.

그때 우리는 자신도 모르게 그를 추앙하게 된다.

우상 숭배의 시작이다. 우리는 우상 숭배를 즉각 멈춰야 한다.

우리가 우러러보는 그는

우리의 무의식에 있던 '원형상(源型象)'이 밖으로 투사된 것이다.

우리의 마음속에 없는 것은 밖에 나타나지 않는다.

안토니나는 차이콥스키를 마냥 숭배할 것이 아니라,

자신의 무의식에 있는 '차이콥스키'를 깨웠어야 했다.

그러면 그녀는

차이콥스키와 대등한 관계에서 사랑할 수 있었을 것이다.

설령 차이콥스키처럼 위대한 음악가가 되지 못하더라도

음악을 사랑하는 아름다운 사람이 되었을 것이다.

사랑은 서로를 정신적으로 성숙시켜 주는 것이다.

누구의 아내, 누구의 남편이 목표가 될 수는 없다.

얼마나 많은 사람이

'이상상(理想像)'을 바라만 보며 향기만 맡는가?

플라토닉 러브, 그러다 충치처럼 꺼멓게 썩어 버리게 된다.

영원히 썩지 않는 '플라스틱 사랑'을 위하여.

불멸의 여인

춘풍 이불 아래 서리서리 넣었다가
어룬 님 오시는 밤이여드란 구비구비 펴리라

- 황진이, 〈동짓달 기나긴 밤을〉 부분

황진이는 조선 중종 때의 기생으로
박연폭포, 서경덕과 함께 송도 3절(松都三絶)의 하나였다.
그녀는 빼어난 미모는 아니었다고 한다.
그런데 어찌하여 유학과 예악의 교양을 두루 갖춘
지체 높은 양반들이 기생인 그녀를 흠모했을까?

남성에게 매혹적인 여성은 어떤 유형일까?
심층 심리학자 칼 융은
아니마(남성 내면의 여성)를 4단계로 설명했다.
첫째는 본능적 성적 수준의 에로스(이브),

둘째는 낭만적인 사랑(헬레나),
셋째는 종교적 사랑(마리아),
넷째는 영원한 여성상으로 지혜의 여신(소피아)이다.

그 당시 돈과 권력을 다 가졌던 양반들은
이브, 헬레나는 많이 만나 보았을 것이다.
하지만 최고의 여성, 소피아는 만나보지 못했을 것이다.
헬레나는 경국지색(傾國之色)의 여인이다.
스파르타와 트로이 사이에 전쟁이 일어나게 하여
트로이를 멸망에 이르게 한 여인이다.

하지만, 그녀에게 반한 트로이의 왕자 파리스가
그녀와의 사랑이 이루어졌다면 어떻게 되었을까?
그녀가 파리스에게 불멸의 여인으로 남았을까?
그가 더 성숙한 후에 황진이를 만났다면?
그는 황진이의 매력에 빠져들게 되었을 것이다.

황진이의 시들을 읽다 보면,
눈앞에 신비로운 황홀경이 펼쳐진다.
그녀의 마법의 세계에서 빠져나올 수 있는 남성이 있을까?
다양한 여성을 겪은 양반들은 그녀의 불꽃 속으로
자신도 모르게 불나방처럼 날아갔을 것이다.

사랑의 헤테로토피아

나타샤와 나는
눈이 푹푹 쌓이는 밤 흰 당나귀 타고
산골로 가자 출출이 우는 깊은 산골로 가 마가리에 살자

- 백석, 〈나와 나타샤와 흰 당나귀〉 부분

백석 시인은 회식 자리에서 불멸의 여인,
기생 자야를 만났다.
그는 그녀를 보자마자 말했다.
"오늘부터 당신은 영원한 내 여자야. 죽음이 우리를 갈라놓기 전까지 우리에게 이별은 없어."

그는 그 여인에게 '자야(子夜)'라는 이름을 지어주었다.
자야는 이백의 시에 등장하는 여인의 이름이다.
하지만, 두 사람의 사랑은 이루어질 수 없었다.

백석은 홀로 떠나면서,
'나와 나타샤와 흰 당나귀'라는 시를 남겼다.

마가리는 어디일까?
프랑스의 철학자 미셸 푸코가 말한 '헤테로토피아'다.
헤테로토피아(heterotopia)는 '다른 장소'라는 뜻이다.
푸코는 말한다.
"헤테로토피아는 현실의 공간에서 발견되지만, 다른 공간들과는 정반대인 단독적 공간이다."

어린 시절의 다락방을 생각하면 된다.
어릴 적 다락방에 가면,
우리는 환상의 세계로 들어가지 않았던가!
나의 마가리는 ㄱ 섬에 있는 ㄷ 리다.
그곳에 그녀의 자그마한 자취방이 있었다.
그녀와 함께 있으면,
오로지 우리 둘의 세상이었다.
이 세상 사람들은 다 사라졌다.

그들에게는 우리가 훤히 보였지만,
우리는 우리 둘만 보였다.
우리의 낙원만 동그마니 있었다.
'눈이 푹푹 쌓이는 밤'

'흰 당나귀 타고' '출출이 우는'
에로스의 에덴동산이었다.

고양이의 꿈

매정한 불같은 성욕과 함께
그리고 아무한테도 말하지 않고는
세계 위에 지붕과 풍경들 위에 내 몸을 풀어놓고 싶구나
나의 꿈속에서 쥐를 쫓는 불타는 욕망과 함께

- 파블로 네루다, 〈고양이의 꿈〉 부분

한 성교육 강사가 말했다.
"요즘 젊은 세대들은 30분 동안 사랑해요."
나는 놀랐다. '헉! 그 짧은 시간에 사랑이 가능한가?'
나는 그녀와 3시간 동안 사랑을 했다.
우주의 반쪽과 반쪽이 만나
불꽃으로 타오르다 사그라지는 시간이었다.

사랑의 샘은 '성욕'이다.

'매정한 불같은 성욕과 함께' 타오른다.
'세계 위에 지붕과 풍경들 위에 내 몸을 풀어놓고 싶구나'
성은 사랑의 불꽃으로 타오르며,
온몸이 저 허공으로 사라지는 것이다.
생사일여(生死一如), 니르바나(열반)다.
물질을 넘어서 에너지장으로 들어간다.
하나의 파동이 된다. 우주의 영원한 춤이 된다.

인간의 양대 욕구는 식(食)과 성(性)이다.
식은 개체 보존의 욕구이고,
성은 종족 보존의 욕구다.
식은 쉽게 만족하지만, 성은 끝이 없다.
찰나의 불꽃이다.
'나의 꿈속에서 쥐를 쫓는 불타는 욕망과 함께'
타오르다 사그라진다.

하지만, 그때 우리는 영원을 본다.
유한한 삶에서 영생(永生)과 만난다.
물질의 몸으로 살아가는 우리는 언젠가는 사라진다.
하지만,
물질인 몸은 실은 에너지이기에 죽지 않는다.
오스트리아의 화가 구스타프 클림트의 '키스'는
유한과 무한의 눈부신 만남을 보여 준다.

사랑은 야채 같은 것

그녀는 그렇게 생각했다
씨앗을 품고 공들여 보살피면
언젠가 싹이 돋는 사랑은 야채 같은 것
(…)
결국 그녀는 그렇게 생각했다
그래 사랑은 그가 먹는 모든 것

- 성미정, 〈사랑은 야채 같은 것〉 부분

시인은 사랑에 대해 정의를 내린다.
'언젠가 싹이 돋는 사랑은 야채 같은 것'
얼마나 멋진 정의인가!
하지만, '싹이 돋는 사랑'은 힘들다.
뱅글뱅글 돌아가는 일상이 버겁다.
'집은 편안한 곳이야!'

'그래 사랑은 그가 먹는 모든 것'
결국 서로 맞춰간다.
부부가 남매처럼 닮아간다.
집안의 가구 하나가 된다.
우리는 사랑을 '처음처럼' 해야 한다.
싹이 돋는 사랑을 가슴 깊이 품고 살아가야 한다.
인간은 자신을 발명해가는 존재이니까.
스스로 자신을 뭐라고 규정하지 말아야 한다.

우리 안에는
'씨앗을 품고 공들여 보살피면/ 언젠가 싹이 돋는 사랑'이 있으니까.
언제나 사랑이 샘물처럼 솟아나니까.
우리는 끝없이 거듭나야 한다.
그래야 삶의 절정을 맛볼 수 있다.

인생은 양이 아니라 질이다.
우리는 자신을 알 수 없다.
자신을 무한한 신비로 바라볼 수 있어야 한다.
그러면,
상대방도 무한한 신비로 바라볼 수 있게 된다.
삶의 경이! '사랑은 야채 같은 것'이다.

술래잡기

"당신은 안개? 바람? 아니면 연기?"
괴로운 나머지 그렇게 불러보았더니
먼 데서
그이의 목소리가 되돌아왔지
"당신은 안개? 바람? 아니면 연기?"

- 신까와 카즈에, 〈술래잡기〉 부분

누구나 연애 시절에 경험했을 것이다.
상대방에게 다가갈수록
그(녀)는 안개처럼 사라진다는 것을.
우리는 괴로운 나머지
"당신은 안개? 바람? 아니면 연기?" 하고 불러본다.
그러면 메아리가 되어 되돌아온다.

"당신은 안개? 바람? 아니면 연기?"
사랑은 끝없는 '술래잡기'다.
그래서 사랑을 하면 즐거운 게 아니라 괴롭다.
그래도 우리는 사랑을 한다.
무간지옥(無間地獄)을 겪게 되지만,
'영원한 찰나'를 경험하게 된다.

그 짧디짧은 한순간들이 한평생을 살아가게 한다.
프랑스의 철학자 알랭 바디우는 말한다.
"걱정 없는 인생을 바라지 말고, 걱정에 물들지 않는 연습을 하라."
우리는 이러한 삶의 철학을 가지고 사랑을 해야 할 것이다.

바디우는 사랑에 대해 다음과 같이 정의를 내린다.
'사랑은 개인인 두 사람의 단순한 만남이나 폐쇄된 관계가 아니라 무언가를 구축해내는 것이고, 더 이상 하나의 관점이 아닌 둘의 관점에서 형성되는 하나의 삶이다.'
사랑은 무한한 신비다.
수소와 산소가 만나 물이 되듯이,
하나의 세계를 창조하는 것이다.

2장

쾌락을 넘어서

신의 몸

한순간 번개처럼
신의 몸을 만지고 신의 소리를 들은 적 있는가

- 김태희, 〈남편의 노트〉 부분

누구와 섹스를 하느냐에 따라
섹스는 전혀 다른 느낌으로 다가온다.
사랑하지 않는 사람과의 섹스는 성기의 마주침이 된다.
성적 쾌락이 사라질 때쯤에는 환멸이 몰려온다.
쾌락에는 언제나 반대급부가 따라온다.

하지만, 사랑하는 사람과의 섹스는 전혀 다르다.
신성(神性)을 체험하게 된다.
'한순간 번개처럼/ 신의 몸을 만지고 신의 소리를 들은 적 있는가'

이때 비로소 우리는 온전한 인간이 된다.
살아 있음의 희열을 느끼게 된다.
항상 이런 마음으로 살아가면 얼마나 좋을까?

그런데,
왜 우리는 자꾸만 이성을 성욕의 대상으로 바라보게 되는가?
왜 우리는 이성을 성기 중심으로 바라보게 되는가?
변태다.
우리가 하늘의 구름을 볼 때,
'구름'을 보지 않는가?
구름의 어느 한 부분만 집중해서 보는 경우는 거의 없을 것이다.

그런데 인간은 이성을 바라볼 때,
특정 부위 위주로 보게 된다.
세상이 그 부위를 금지 구역으로 설정했기 때문이다.
금지 구역은 욕망의 대상이 된다.
보지 말라고 금하게 되면,
우리는 보고 싶어진다. 관음증 환자가 된다.

어떻게 해야 할까?
스위스의 한 행위 예술가는 유럽의 여러 대도시를 다니며

18세 이상 성인에게 자신의 가슴과 성기를
30초씩 만질 수 있게 했다고 한다.
 그 예술가는 사람들이 변태, 관음증에서 해방되기를 바랐을까?
 그 예술가를 통해 신의 몸을 만진 사람도 있을까?

음화

인형이
있었다 눕히면 눈을
감았다 치마를 들치고 사내아이들이
연필심으로 사타구니를 쿡쿡 찌르며 킬킬거릴 때
눈을 감고 미동도 않던 인형이
있었다

- 김언희, 〈음화〉 부분

오래전에 인터넷 서핑을 하다 유튜브에서 한 행위 예술을 보았다.
무대에 한 여성이 앉아 있다.
잠시 후 그녀는 관객들을 향해 자신을 창녀라고 소개했다.
그녀는 자신의 아랫도리를 벗었다.
관객들의 시선이 일제히 그녀의 하체로 향했다.

그녀는 자신의 성매매 이야기를 이어나갔다.

관객들은 그녀의 하체를 보며 그녀의 이야기에 열중했다.
남성 관객들은 무슨 생각을 하고 있을까?
아마 다들 음란한 생각을 하고 있을 것이다.
'인형이/ 있었다 눕히면 눈을/ 감았다/ 치마를 들치고/(…)/ 미동도 않던 인형이/ 있었다'

남성들은 음화 한가지씩 기억하고 있지 않을까?
그녀가 창녀라니 마음 놓고 음란한 상상을 할 수 있었을 것이다.
그러나,
시간이 지나면서 남성 관객들의 생각이 바뀌어 갈 것이다.
차츰 그녀의 하체가 성(聖)스럽게 보였을 것이다.

그녀의 이야기를 들으며,
차츰 한 인간의 몸이 보이고,
한 여성의 신성한 몸을 보게 되었을 것이다.
원시인들이 보았던, 신성한 여성의 몸을.
오랜 가부장 사회는 여성의 몸을 남성의 성적 대상이 되게 한다.
어떤 남성도 이런 시각에서 벗어날 수 없을 것이다.
예술이 남성을 구원할 수 있을까?

쾌락을 넘어서

어째서 외곬의 금욕 속엔 쾌락이
도사리고 있는지,
나의 뿌리, 죽음으로부터 올라온
관능의 수액으로 너를 감싸 적시며
나 일어나
네게 가르쳐줄게.

- 최승자, 〈누군지 모를 너를 위하여〉 부분

시인은
'누군지 모를 너를 위하여'
인생의 비밀을 가르쳐준다.
'외곬의 금욕 속엔 쾌락이/ 도사리고 있는지,'
금욕과 쾌락은 하나다.
이 둘의 근원인 '관능의 수액'은 '죽음'으로부터 올라온다.

인간의 성은 죽음을 넘어서려는 영생의 힘이다.

모든 남성의 뮤즈 황진이는
당대 최고의 유학자 화담 서경덕의 제자가 된다.
낮에는 제자의 본분을 지키고, 밤에는 노골적으로 유혹했다.
하지만,
화담은 그런 황진이의 유혹에 무심한 태도를 유지하며
단 한 번도 넘어가지 않았다.

화담도 평소에 자신 안에서 솟아올라오는 성욕을 느꼈을 것이다.
하지만 그는 거부하지 않고
'관능의 수액'을 온몸으로 받아들였을 것이다.
죽음으로부터 올라온 수액은 화담의 깊은 내면에서
생(生)의 찬란한 에너지로 변화했을 것이다.
그래서 그는 성욕 없이 황진이를 바라볼 수 있었을 것이다.
인간 내면의 자기(自己, Self)는 삼라만상과 하나이니까.
화담은 천지자연 속에서 자유롭게 노닐게 되었을 것이다.

말초적 쾌락과 깊은 내면에서
솟아올라오는 블리스(bliss, 더없는 기쁨),
화담의 정신은 어느 것을 선택할까?

우리의 깊은 내면에는
쾌락의 강보다 한없이 넓디넓은 블리스의 바다가 있다.

여성에 관하여

여자들은 저마다의 몸속에 하나씩의 무덤을 갖고 있다.
죽음과 탄생이 땀 흘리는 곳,
어디로인지 떠나기 위하여 모든 인간들이 몸부림치는
영원히 눈먼 항구.

- 최승자, 〈여성에 관하여〉 부분

오래전 초등학교 동창생들과 술집에 갔다.
여자들이 옆에서 술 시중을 들어 주었다.
그런데, 분위기가 무르익으니, 한 쌍씩 차례차례 어디론가 사라졌다.
내 차례가 되었나 보다.
동창생들이 내게 눈을 끔벅거렸다.
나도 내 옆에 앉아 있던 여자와 문을 나와 다른 방으로 갔다.

방에 들어서자마자 여자가 옷을 벗고 누웠다.
'헉!' 나는 놀랐다.
이럴 거라는 것은 예감했지만,
그때까지 이런 곳에서 성행위를 한 적은 없었다.

20대로 보이는 여성의 발가벗은 몸,
여자는 눈을 감고 가만히 있었다.
나는 성병이 두려웠다.
"죄송합니다. 그냥 갈게요."
나는 그녀에게 사죄하고 방을 나왔다.
그녀의 하얀 몸이 눈앞에 선명하다.

프랑스의 철학자 조르주 바타유는 말했다.
"여성의 아름다움이란 신(神)의 현현(顯現)에 다름 아니다."
여성을 성적 대상으로만 보면, 슬프디슬픈 몸이다.
이제 나이 들어 여성과 대지(大地)가 하나임을 본다.
'죽음과 탄생이 땀 흘리는 곳,/ 어디로인지 떠나기 위하여 모든 인간들이 몸부림치는/ 영원히 눈먼 항구.'

샘

벚꽃보다 어지럽던
내 애인은 어디로 가고
돌아선 등만 기억나는 엄마가 저기 있나

- 전윤호, 〈샘〉 부분

가끔 아내와 엄마가 겹칠 때가 있다.
아침에 부엌을 드나드는 아내의 발걸음 소리,
식탁에 그릇 놓는 소리, 수저 놓는 소리….
"자기야, 밥 먹으러 와."
나는 아이처럼 밖으로 뛰쳐나간다.
너스레를 떤다. "밥 먹으라고?"
그러면 아내는 "응." 한다.

밤에 누워있는 아내의 몸에 기대어 누우면,

엄마의 향취가 나는 것 같다.
문득 오래전에 읽은 시 구절 하나가 떠오른다.
'남자는 어른이 된 적이 없나니.'
남자로 살아가면서 참 맞는 말이라는 생각이 든다.
60을 넘은 남자들이 '엄마'라는 말을 할 때, 경이롭다.
남자에겐 엄마가 있어야 하는구나!

노자의 '도덕경'에 나오는 구절이다.
'나는 만물을 먹이는 식모(食母)를 귀히 여긴다.'
식모는 모든 생명체를 먹여 살리는 천지자연일 것이다.
또한, 천지자연을 대표하는 엄마일 것이다.
인류는 오랫동안 엄마를 귀히 여겨왔다.
원시인들의 엄마는 대지모신(大地母神)이었다.
그럼 현대의 부계사회에서는 엄마는 어디로 갔을까?
남자들은 아내에게서 엄마를 본다.
엄마는 남자의 샘이다.

'백살 공주'를 위하여

 제기랄 왕자들은 항상 너무 일찍 오거나 늦게 온단 말이야 그녀는 밤마다 늙은 거울에 대고 애원했다 내가 아직도 아름답니 거울은 늙었고 고개 끄덕이는 습관만 남아 있었다 백살이 먹도록 공주인 그녀는 눈먼 거울 속에서 영원히 아름다웠다

- 성미정, 〈백살 공주〉 부분

 백설 공주는 부모를 벗어나 스스로 성장해 가는 멋진 여성이다.
 항상 난쟁이들이 도와준다.
 난쟁이는 백설 공주의 깊은 내면에 있는 '무의식의 힘'이다.
 인간의 무의식은 천지자연과 연결되어 있어,
 무언가를 간절히 원하면 반드시 이루어지게 되어있다.
 에너지의 파동이 서로 연결되기 때문이다.
 따라서 우리는

깊은 내면에서 솟아올라오는 힘으로 살아가야 한다.
밖에서 답을 찾지 말아야 한다.

진리를 밖에서 찾게 되면,
내면의 힘이 고갈된다.
항상 열심히 사는 것 같은데, 지친다.
삶이 허망하다.
'사막 어디엔가는 오아시스가 있을 거야!'
하지만, 이 세상 어디에도 오아시스는 없다.
오로지 자신의 깊은 내면에 영원한 생명의 샘이 있을 뿐이다.
그런데 얼마나 많은 여성이
내면의 소리를 듣지 않고, 거울을 보는가?
'거울아, 거울아 누가 최고 예쁘니?'

거울은 늘 자신이 보고 싶은 모습만 보여 준다.
'이 세상에서 네가 최고 예뻐!'
그렇게 늙어간다.
백살 공주가 된다.
이 세상에는 백살 공주가 너무나 많다.
우리는 백설 공주가 되어야 한다.

집을 떠나, 자신의 길을 찾아가야 한다.

멋진 왕자를 만나게 된다.
어려움이 닥칠 때마다,
난쟁이들이 도와줄 것이다.

성⁽性⁾ 선택권

자신의 옥문 위에 손을 얹으며
'이곳은 내가 관리하는 곳인 줄 알았지
국가 관리하는 곳인 줄 몰랐네요'

- 정하선, 〈개발 제한 구역〉 부분

동물들 세계를 보면,
암컷이 성의 주도권을 쥐고 있다.
수컷은 암컷의 선택을 받으려 온갖 노력을 다한다.
인류도 모계사회에서는 여성이 성의 주도권을 쥐고 있다.
낮에 여성이 마음에 드는 남성에게 암시를 주면,
남성은 밤에 그녀의 방을 찾아간다.

여성은 여러 남성의 자식을 낳는다.
아니, 자신의 자식들이다.

아버지가 누구인지는 전혀 중요하지 않다.
남성과 여성이 짝짓기하여 자식을 낳더라도
함께 가정을 꾸리지 않으니까,
부모 개념 자체가 없다.

이런 사회에서는 '간통'이 존재할 수 없다.
남녀가 서로를 소유하지 않으니까,
간통이라는 것도 존재할 수 없는 것이다.
부계사회에서는 간통이 있다.
설령 간통죄가 폐지되어도 관습상 존재한다.
인간의 몸에 '개발 제한 구역'이 존재하는 것이다.

부계사회는 농업 혁명과 함께 등장했다.
농업이 중심이 되면서,
힘이 센 남성이 사회를 이끌어가게 되었다.
남성 중심으로 가정, 사회, 국가 제도가 구성되었다.
당연히 여성은 남성의 소유가 되었다.

그러다 최근에 이르러 산업화, 민주화가 진행되며
여성의 지위가 올라갔다.
서로가 상대방에 대한 소유권을 주장하게 되었다.
간통죄는 앞으로 어떻게 될까?
부계사회와 운명을 함께 하게 될 것이다.

백마

 갑자기 내 방안에 희디흰 말 한 마리 들어오면 어쩌나 말이 방안을 꽉 채워 들어앉으면 어쩌나 말이 그 큰 눈동자 안에 나를 집어넣고 꺼내놓지 않으면 어쩌나 (…) 지금껏 말 한마디 못하고 백마 한 마리 품고 견디는 그녀에게 물으러 가야 하나 어쩌나 여기는 내 방인데 나갈 수도 들어올 수도 없게스리 말 한 마리 우두커니 서 있으니 어쩌나

 - 김혜순, 〈백마〉 부분

얼마 전에 공부 모임의 한 회원과 상담을 했다.
"남편이 바람을 피우는데 어떡하면 좋죠?"
아득해졌다.
'아, 정말 어떡하면 좋은가? 백마 한 마리가 방에 들어왔는데…'
우리 사회는 가부장 사회다.

가부장 사회는 기본적으로 일부다처제다.
남녀평등이 되었다고 하지만,
많은 면에서 남편이 주도권을 쥐고 있다.
오랫동안 주부로 살아온 그녀는 경제력이 없다.
주부로서 한 일들은 돈으로 환산되지 않는다.

아이를 낳아 기르고 가정을 경영해온 활동을
돈으로 계산하면 얼마나 될까?
하지만, 주부에게는 빠듯한 생활비가 전부다.
그녀는 남편의 불륜 현장을 잡겠다고 했다.
나는 물었다.
"남편의 불륜 현장을 잡으면 어떻게 하시겠어요?"

그녀는 분노에 차서 다른 생각을 할 겨를이 없다고 했다.
나는 깊이 생각해 봐야 한다는 말만 했다.
다음에 만났을 때, 그녀는 현장을 잡았다고 했다.
"그런데요. 어떻게 할 수가 없어요. 이제는 남편이 공공연하게 바람을 피워요."

아, 백마가 그녀의 방을 다 차지해 버린 것이다.
모든 여성의 마음의 방에는 백마 한 마리가 있을 것이다.

그리운 것은 다 님이다

 아아, 님은 갔지마는 나는 님을 보내지 아니하였습니다
 제 곡조를 못 이기는 사랑의 노래는 님의 침묵을 휩싸고 돕니다.

 - 한용운, 〈님의 침묵〉 부분

 만해 한용운 시인은 말했다.
 "님만 님이 아니라 기룬(그리운) 것은 다 님이다."
 그는 어떻게 하여 이렇게 큰 깨달음을 얻게 되었을까?
 우리는 이성(異性)을 사랑하며,
 '님은 님일 뿐'이라고 생각하지 않는가?
 하지만, 곰곰이 생각해보면 그렇지 않다는 것을 알게 될 것이다.
 그 님 때문에 다른 이성, 다른 사람, 다른 생명체들,
 하물며 모든 사물까지도 사랑스럽게 보였을 것이다.

사랑하는 님은 삼라만상의 대표가 되었던 것이다.

따라서 우리는 청소년 시절에 아름다운 사랑을 해보아야 한다.
가슴에서 큰 사랑이 용암처럼 불타오르는 경험을 해보아야 한다.
한용운 시인은 3.1운동 이후 신흥사, 백담사, 오세암 등에 머물 때,
'여연화'라는 보살을 만났다고 한다.
그들의 사랑은 육욕적인 사랑이었지만,
숭고한 사랑으로 승화되었다.

성욕에 그치는 사랑은 인간적인 사랑이 아니다.
그런 사랑은 쾌락을 줄지는 모르지만,
인간의 고상한 정신적 성숙에 이르게 하지는 못한다.
중고등학교에서
한용운의 시들이 '성과 사랑'의 교육 자료로 쓰이면 얼마나 좋을까?
'님의 침묵'은 그리운 것은 다 님이라는 것을 가르쳐 주고,
'나룻배와 행인'은 헌신적인 사랑을 가르쳐 주고,
'알 수 없어요'는
천지자연에 대한 무한한 경외감을 가르쳐 줄 것이다.

사랑의 힘

나는 정신을 차리고
길을 걷는다
빗방울까지도 두려워하면서
그것에 맞아 살해되어서는 안 되겠기에.

- 베르톨트 브레히트, 〈아침저녁으로 읽기 위하여〉 부분

프랑스의 작가 앙투안 드 생텍쥐페리는 '인간의 대지'에서 '200km나 사막을 헤매다가 4일 만에 베두인 상인에게 발견돼 기적적으로 살아 돌아온 경험'을 그려낸다.

'나는 극한 상황 속에서 친구 기요메를 떠올린다. 안데스산맥에 추락한 기요메는 죽음을 예감하고 다 놓아 버리려던 순간, 자신이 실종되면 아내가 4년 동안 보험금을 타지 못한다는 사실을 떠올린다.'

'그래서 아내를 위해서 그는 쉬지 않고 걷는다. 설원 한가운데를 터벅터벅 걸어가는 기요메, 그를 떠올리며 나는 사막 한복판에서 한 걸음씩 힘겹게 내딛는다.'

시인은 한 여인을 사랑하게 되자,
빗방울까지도 두려워하게 된다.
'그것에 맞아 살해되어서는 안 되겠기에.'
사람은 사랑하게 되면,
'작은 나(자아, Ego)'에서 '큰 나(자기, Self)'로 확대된다.
다른 사람, 삼라만상과 하나가 되는 것이다.

인간은 자아가 있어 누구나 자신을 중심으로 생각한다.
따라서 다들 이기적인 소시민으로 살아간다.
하지만,
다른 사람을 사랑하게 되면 내면의 신성(神性)이 깨어난다.
그리하여 모든 인류가 하나의 가족이 되고,
삼라만상이 하나의 가족이 된다.
따라서 사랑이 없는 세상은 위험하다.
쉽게 남을 해치고 자신도 해치게 된다.
'나 하나'는 아무것도 아니기 때문이다.

사랑을 버거워하는 젊은이들이 많다고 한다.
'사랑에 뒤따르는 감정의 변화가 소모적이고 불편하다.'

너무나 슬픈 우리의 자화상이다.

'온전한 인간'을 향하여

함부로 굴리지 마세요
다루는 법이 여간 미숙하지 않네요

- 진수미, 〈주사위 놀이〉 부분

한 60대 여성에게서 너무나 슬픈 이야기를 들었다.
오래전 어느 추석날,
남편이 장남이어서 친척들이 많이 왔다고 한다.
그런데 밤이 깊어지자
남편이 그녀에게 다가와 잠자리를 요구하더란다.
조심스레 섹스하는데,
 그녀는 오르가슴을 느껴 자신도 모르게 신음을 하게 되었단다.
 그러자 남편이 왼손으로 우악스레 자신의 입을 틀어막았다고 한다.

'헉!' 놀란 그녀는 그 후
다시는 남편과 성관계를 하지 않게 되었다고 한다.

아마 남편은 그 여성의 '마음의 상처'를 이해하기 힘들 것이다.
'친척들이 많은데 신음을 하면 어떻게 해?'
남편의 말은 논리적으로는 맞다.
하지만, 여성에게 중요한 건, 마음이다.
마음이 너무나 크게 다친 것이다.
많은 여성이 남성들에게 느낄 것이다.
'다루는 법이 여간 미숙하지 않네요'

여성은 자연, 생명과 아주 가깝다.
그래서 여성의 마음은 대체로 섬세하고, 공감력이 강하다.
반면에 남성들은 대체로 논리적이고, 문제해결력이 강하다.
온전한 인간은 남성성과 여성성을 다 가진 양성적 인간이다.
남성과 여성은 서로의 거울이다.
남성은 여성 속의 남성이고, 여성은 남성 속의 여성이다.
서로를 극진하게 대할 때,
남성과 여성은 온전한 인간이 된다.

여성의 몸 1

　아빠 아빠 우리는 고추로 쉬하는데 여자들은 엉덩이로 하지?

　(…)
　나는 야릇한 예감이 들어 주위를 한번 쓰윽 훑어보았다. 저만큼 고추밭에서
　아낙 셋이 하얗게 엉덩이를 까놓고 천연스럽게 뒤를 보고 있었다.

　- 김남주, 〈추석 무렵〉 부분

나도 산에서 아낙의 하얀 엉덩이를 본 적이 있다.
산길을 가는데, 아뿔싸!
한 아주머니가 길가에서
엉덩이를 까고 앉아 소변을 보고 있었다.
곁에는 딸인 듯한 여자아이가 서 있었다.

아주머니는 나를 보더니,
민망해하며 뭐라고 웅얼거렸다.

나는 눈을 내리깔고 묵묵히 걸었다.
아마 소변이 너무 급했나 보다.
한갓진 곳이라
사람이 별로 다니지 않는 곳이라고 생각했을 것이다.

그런데, 그 흰 엉덩이가 참으로 탐스러웠다.
전혀 야스럽지 않았다.
여성의 몸을 성스럽게 본 원시인들의 마음이 느껴졌다.
어쩌다 여성의 몸이 관음증의 대상이 되어버렸을까?
포르노와 누드 명화의 차이는 무엇일까?
프랑스의 철학자 조르주 바타유는 말했다.
"여성의 아름다움이란 신(神)의 현현(顯現)에 다름 아니다."

여성의 몸이 자연의 상징이기 때문일 것이다.
모든 생명체는 자연에서 태어나 자연으로 돌아간다.
인간의 깊은 무의식에는
여성을 신의 현현으로 보는 마음이 있을 것이다.
이 마음을 잃어버리게 되면,
여성의 몸이 포르노가 되어버릴 것이다.
다시 여성이 신이 되는 세상을 보고 싶다.

여신(女神)인 해와 달, 산과 강이
아기 같은 인간들을
한평생 따스하게 지켜주었으면 좋겠다.

여성의 몸 2

이제야 돌아와
원피스
슬립
거들
브래지어
팬티를 벗고
인형극의 인형처럼 조종하던 얼굴을 지우고

- 양선희, 〈억압에 관한 명상〉 부분

옷 대신 몸에 상자를 걸친 채 행인들에게
손을 넣어 자기 가슴을 만지게 한 20대 여성이
공연음란 혐의로 재판에 넘겨졌다고 한다.

그녀는 말했다.

"남자가 웃통을 벗는 건 문제 없고, 여자가 웃통을 벗으면 범죄로 치부하는 현실을 비틀고 싶었다."
이 퍼포먼스는 행위 예술일까? 공연음란일까?
앞으로 그녀가 제기한
'여성의 웃통을 벗을 수 있는 자유'에 대해
풍부한 논의가 있으면 좋겠다.

'여성의 몸'은 누구의 몸일까? 남자들의 몸이다.
'슬립/ 거들/ 브래지어'를 하지 않은 여자를
남자들은 그냥 두지 않는다.
'인형극의 인형처럼' 화장하지 않은 여자를
남자들이 그냥 둘까?
인형처럼 방실방실 웃지 않는 여자를 그냥 둘까?

시인은 집에 와서야
비로소 자신의 몸을 회복한다.
현대사회는 마음보다 몸을 중시한다.
크게 보면, 인간 해방일 것이다.
몸이 정신의 감옥에서 벗어나 온전히 몸이 되는 환희!
자신의 몸을 그대로 긍정할 수 있을 때,
우리는 자유로워진다.
하지만, 몸을 이 세상이 그냥 둘까?
자본주의는 모든 것을 상품으로 만든다.

특히 여성의 몸을 온갖 방법으로 상품화한다.

아버지와 딸

아버지가 모종컵 속에 나를 심는다 아가야, 어서어서 피어라 (…) 모종컵 속에서 아버지의 사지가 하나씩 피어난다

- 조말선, 〈거울〉 부분

심청은 아버지를 떠난다.
아버지가 봉사라는 것은
아버지가 딸의 가치를 제대로 알아보지 못한다는 비유다.
딸들은 '모종컵'을 떠나야 한다.
그래도 딸이 아버지를 떠나면 불효니까,
심청은 '아버지의 눈을 뜨게 하려'
공양미 삼백 석에 팔려간다.

전래 동화 '심청전'은 겉으로는 효도를 다루는 듯하지만,
'여성의 자아실현(自我實現)'이 주제다.

딸은 일단 아버지의 집을 떠나야 한다.
자신의 길을 간절하게 찾아가면, 천지자연이 도와준다.
끌어당김의 법칙이다.
천지자연은 에너지장(場)이라,
좋은 에너지는 좋은 에너지를 끌어당긴다.
그래서 우리는 자신을 극진히 사랑해야 한다.
그러면 자신 안의 영혼이 깨어나 천지자연이 호응한다.

심청의 간절한 소망이 이루어진다.
바다에 던져졌지만,
용왕이 도와주어 지상으로 올라오게 되고,
왕을 만나 왕비가 된다.
왕비가 된 심청은 전국의 맹인을 위해 잔치를 열고,
아버지를 상봉하게 된다.
놀란 아버지는 번쩍 눈을 뜨게 된다.

이런 옛이야기는 황당한 이야기가 아니다.
우리가 의지만 있으면,
어떤 난관도 뚫고 자아를 실현할 수 있다는
지혜를 가르쳐 준다.
만일 심청이 자신을 몰라주는 아버지를 떠나지 않았다면,
그녀는 한평생 궁핍하게 살고,
아버지도 눈을 뜨지 못했을 것이다.

3장

사랑에 빠질수록 혼자가 되라

집을 떠나라

아주 어렸을 적, 혼자서 별들의 놀이터에 있을 때였다
그는 어디로부턴가 와서 알 수 없는 곳으로
나를 끌고 갔다
내가 두려움에 떨며 처음 울음을 터뜨린 곳은
어느 낯선 집 차가운 요람 속이다

- 진은영, 〈유괴〉 부분

우리는 모두 어린 시절,
아버지가 왕좌에 앉아 계시는 '가부장 왕국'으로 유괴되었다.
자라면서 엄격한 왕자, 공주 교육을 받았다.
왕자, 공주는 자식이면서 신하다.
나도 소작농을 하시는 아버지의 세자이자 충실한 신하였다.

나는 나를 '세자'로 만들어갔다.
'가문을 일으키자!'
나는 항상 가문을 중심으로 생각했다.
그러니 사랑이 제대로 되겠는가?
처녀들을 만날 때마다 생각했다.
'한글도 모르시는 아버지의 며느릿감으로 맞을까?'

하지만 사랑 없이 어떻게 연애를 할 수 있겠는가?
나의 사랑은 파탄에 이르게 되었다.
그때, 한 처녀를 만났다. 그녀와 불타는 사랑을 했다.
나는 신작로를 함께 걸으며 말했다.
"자기야, 나 저 앞에 단두대가 있어도 갈 거야!"

사랑은 유괴당한 집을 탈출하는 것이다.
허허벌판에서 자신의 왕국을 건설하는 것이다.
우리는 가슴에서 솟아올라오는 사랑이
가라고 하는 곳으로 가야 한다.
사랑은 반쪽 둘이 만나 온전한 하나가 되는 것이다.
온전한 인간이 되어야
부모 형제를, 남들을 사랑할 수 있다.
사랑은 내면에서 뿜어져 나오는 향기다.

사랑에 빠질수록 혼자가 되라

사랑에 빠질수록 혼자가 되라.
두 사람이 겪으려 하지 말고
오로지 혼자가 되라.

- 라이너 마리아 릴케, 〈사랑에 빠질수록 혼자가 되라〉 부분

공부 모임에서 한 회원이 말했다.
"저는 영성(靈性)을 체험했는데요. 남편이 영적인 삶을 살려고 하지 않아요. 어쩌면 좋아요?"
나는 가슴이 막혀왔다.
'아, 영성을 깨달은 사람이 남편 한 사람을 사랑하지 못한단 말인가?'

영성(靈性)은 신(神)적인 마음이다.
그 마음이 충만하면, 온몸에 사랑이 가득해질 것이다.

진정으로 영성을 체험했다면,
다른 사람이 안타까울 것이다.
'아, 어쩌다 저렇게 속물적으로 사는가?'

나는 그녀의 딱딱하게 굳은 표정을 보며 생각했다.
'언제부터 그녀가 잘못된 길로 들어서게 되었을까?'
그녀와 남편은 대학 때 만났다.
6년간 뜨겁게 연애하고 결혼했다.
그때부터 그녀는 항상 남편과 함께하려 했다.

모든 일을 '두 사람이 겪으려' 하다 보니,
결혼생활이 전쟁터가 되어버렸을 것이다.
그녀는 전쟁터를 벗어나 교회로 피신했을 것이다.
너무나 힘든 마음은 기도하면서
잠시 평화를 얻게 되었을 것이다.
그러다 그 체험을 영성 체험으로 둔갑시켰을 것이다.

그녀는 점점 자기 합리화의 미신에
빠져들어 갔을 것이다.
시인은 노래한다.
'사랑에 빠질수록 혼자가 되라'
혼자가 되어야 진정한 영성 체험을 하게 되고,
남을 사랑할 수 있을 것이다.

슬픔

임산부처럼 슬픔이 무거워 잠시 앉아 쉬면
(…)

이복형제를 낳은들 나라가 할 말이 있을까

- 김경미, 〈슬픔〉 부분

'임산부처럼 슬픔이 무거워'
우리는 아무 데나 주저앉고 싶어진다.
집에 가면 널브러진다. 왜 그럴까?
언제나 경쾌하게 살아가는 지구 곳곳의
오지에 사는 소수민족들을 생각해 본다.
그들은 우리 문명인들처럼 슬픔에 짓눌려 살아가지 않는다.
그들은 대체로 원초적 욕망에서 자유롭다.

특히 모계사회가 건강하다는 생각이 든다.
선남선녀가 낮에 함께 일을 한다.
그러다 여성이 마음에 드는 남성에게
밤에 집으로 오라는 암시를 준다.
그러면, 그 남자는 밤에 여자의 방으로 찾아간다.
그들은 아름다운 밤을 보낸다.
새벽이 오면 남자는 여자의 방을 떠나간다.
여자는 여러 남자를 만나며 이복형제를 낳는다.
아이들은 아버지가 누구인지 모른다.
아이들은 엄마와 엄마의 형제자매들에 의해 길러진다.
아이들은 문명인 아이들처럼
오이디푸스 콤플렉스를 겪지 않아도 될 것이다.
청춘남녀들의 정신세계는 아주 맑을 것이다.
그들은 서로의 환심을 사기 위해
항상 자신의 마음과 몸을 갈고 닦을 것이다.

가장 원초적인 성에서 자유롭게 된
그들의 정신은 상승할 것이다.
성 에너지가 다른 사람들과
세상에 대한 사랑으로 확장되어 갈 것이다.
한강의 '채식주의자'에 나오는 남녀들처럼,
항상 슬픔에 젖어 살지 않아도 될 것이다.
사랑이 충만한 몸으로 살아가는 그들은

행복의 극치를 맛볼 것이다.

남자를 위하여 1

꼿꼿한 기둥을 자르고
천년을 얻은 사내가 있다
기둥에서 해방되어 비로소
사내가 된 사내가 있다

- 문정희, 〈사랑하는 사마천 당신에게〉 부분

전래 동화 '선녀와 나무꾼'은 슬픈 남자의 일생을 보여 준다.
어느 날, 나무꾼은 산에 나무하러 갔다가 사슴의 도움으로
선녀를 아내로 삼게 된다.
행복하게 살던 어느 날,
선녀는 두 아들을 양팔에 안고 하늘로 돌아가게 된다.
아내를 그리워하던 나무꾼은
하늘에서 내려온 두레박을 타고 하늘로 올라간다.

가족과 함께 행복하게 살아가지만,
나무꾼은 지상에 계시는 어머니를 잊을 수가 없었다.
선녀의 도움으로 용마를 타고 지상에 내려오게 된다.
선녀는 나무꾼에게 신신당부했다.
"절대로 용마에서 내리면 안 됩니다."
하지만, 용마를 타고 온 아들에게 어머니가 팥죽을 먹이다
팥죽을 용마의 등에 떨어뜨린다.
놀란 용마는 하늘로 올라가 버렸다.
나무꾼은 하늘에 있는 선녀를 그리워하다 죽게 되고
수탉으로 태어났다.
수탉은 매일 새벽마다 하늘을 보며 안타깝게 운다.
나무꾼은 이 세상의 보통 남자일 것이다.
남자들은 한 여인과 결혼해 가정을 이루지만,
어머니가 계시는 본가(本家)를 잊지 못한다.
어머니 품을 떠나지 못한 남자는
불행을 겪을 수밖에 없다.

그래서 원시사회에서는 남자들은 가혹한 성인식(成人式)을 했다.
마음속의 아이는 죽고, 어른으로 다시 태어났다.
여자들은 자식을 낳기에, 성인식을 약하게 했다.
여자들은 아이를 낳으며 여성에서 어머니로 거듭날 수 있기에.

'남자는 애 아니면 개'라는 말이 있다.

남자들이 가슴 깊이 새겨들어야 할 말이다.

남자들은 '기둥'에서 해방되어 진정한 사내가 되어야 한다.

남자를 위하여 2

남자들은
딸을 낳아 아버지가 될 때
비로소 자신 속에서 으르렁거리던 짐승과
결별한다
딸의 아랫도리를 바라보며
신이 나오는 길을 알게 된다

- 문정희, 〈남자를 위하여〉 부분

어릴 적,
남자아이들은 여자아이들에게 살금살금 다가가
치마를 들쳤다.
나는 물끄러미 바라보기만 했다.
하지만, 궁금했다. 치마 속에 무엇이 있는지.
오래전에 TV에서 인디언 부족들의 삶을 보았다.

그들은 자식이 보는 데서 자연스레 성행위를 했다.
아이들은 자신들 놀이에 여념이 없었다.
성의 금기가 적은 사회,
문명인들보다 훨씬 건강하리라는 생각을 했다.
금기가 많은 사회는 삶이 누추해진다.

원시인들은 여성의 생식 능력을 숭배했다.
그래서 그 당시의 조각품들을 보면,
여성의 몸이 성스럽다.
문명인은 여성의 몸을 성적 대상으로 본다.
여성의 아랫도리를 보며,
신이 나오는 길을 알게 될 때,
우리의 삶은 얼마나 눈부시게 빛날까?

문명사회에는 성의 금기가 엄청나게 많다.
그러면, 금기가 욕망을 일으키게 된다.
감추니까 보고 싶은 욕망,
문명인은 다 관음증 환자다.
나체 해변이나,
남녀 혼탕이 있는 나라들이 부럽다.
성은 되도록 자연스러워야 한다.
숨기게 되면, 검은 욕망이 무의식 깊은 곳에 똬리를 튼다.
인간은 무의식의 존재다.

무의식에 검은 욕망이 쌓이지 않도록 해야 한다.

남자를 위하여 3

비겁하게 치마 속으로 손을 들이미는
때묻고 약아빠진 졸개들은 많은데
불꽃을 찾아 온 사막을 헤매이며
검은 눈썹을 태우는
진짜 멋지고 당당한 잡놈은
멸종 위기네.

- 문정희, 〈다시 남자를 위하여〉 부분

왜 멋진 남자들이 사라졌을까?
현대사회는 물신(物神) 시대,
인간의 정신적 가치보다는 물질이 우선시되는 시대다.
물질을 갖고 서로 아웅다웅하니
멋진 남자들이 보이지 않는 것이다.
물질만 많이 가졌다고 여자 눈에 남자가 영웅으로 보이겠는가?

물질의 풍요가 낳은 우리의 슬픈 자화상이다.
현대인은 말한다. "작은 것이 아름답다."
큰 역사, 큰 종교, 큰 사상… 이런 것이 사라진 시대다.

그런데,
여자의 마음 깊은 곳에는
인류사의 영웅이 마음 깊이 새겨져 있다.
여성의 내면에는 남성이 있다.
융은 내면의 남성을 아니무스라고 한다.
아니무스에는 네 단계가 있다.
첫째 육체적인 영웅, 둘째 낭만적인 남성,
셋째 말씀의 사자, 넷째 지혜의 인도자다.

현대사회의 소시민 남자들은 어디에 속할까?
첫째, 둘째까지는 가능할지 모르나,
셋째, 넷째의 남성은 보기 힘들 것이다.
그러니 시인처럼 멋진 여성의 눈에는
남자들이 다들 졸개, 잡놈으로 보일 것이다.
물질을 숭배하는 시대가 극복되어야
멋진 남성들이 등장할 것이다.
그런데 인간이 영웅이 되지 않고 살아갈 수 있을까?
조셉 캠벨은 "누구나 영웅의 길을 걷는다"고 말한다.

모든 인간의 마음 깊은 곳에는
영웅이 살고 있기 때문일 것이다.

사랑과 전쟁 1

 막힌 하수도 뚫은 노임 4만 원을 들고 영진설비 다녀오라는 아내의 심부름으로 두 번이나 길을 나섰다 자전거를 타고 삼거리를 지나는데 굵은 비가 내려 럭키수퍼 앞에 섰다가 후두둑 비를 피하다가 그대로 앉아 병맥주를 마셨다 (…) 마침내 영진설비 아저씨가 찾아오고 거친 몇 마디가 아내 앞에 쏟아지고 아내는 돌아서 나를 바라보았다 그냥 나는 웃었고 아내의 손을 잡고 섰는 아이의 고운 눈썹을 보았다

 - 박철, 〈영진설비 돈 갖다 주기〉 부분

'영진설비 돈 갖다 주기'가 이렇게 힘든 남편,
이런 시인 남편을 둔 아내는 얼마나 힘들까?
하지만,
이런 멋진 시인을 둔 아내만큼 행복한 사람이 있을까?
그녀는 '인간의 행복'이 무엇인지를 잘 알 것이다.

시 공부를 하며, 이런 시인과 아내들 참 많이 보았다.
요즘 서점에 가보면,
시집은 구석에서 옹기종기 웅크리고 있다.
그래도 아내가 버텨주니(사랑과 전쟁을 하며),
우리 사회에 시를 쓰는 사람이 많다.
시는 문학의 왕이다. 아니 예술, 문화의 왕이다.

인간이 동물에서 '호모사피엔스(생각하는 동물)'로 진화하며,
처음 생각한 게 시였다.
시는 전혀 다른 것을 하나로 연결한다.
'내 마음이 호수'가 된다.
그래서 시적인 마음이 없으면,
다른 사람과 공감하기 힘들다.
우리 사회에서 시가 천대받는 건,
우리가 공감의 힘을 잃어간다는 증거일 것이다.
공감이 없는 인간, 앞으로 어떻게 살아갈까?
우리 사회가 복지국가가 되어
시인이 마음껏 시를 쓸 수 있으면 좋겠다.

사랑과 전쟁 2

부둥켜안고 서로 목을 조르는 버릇이 있다

- 최승호, 〈오징어3〉 부분

시인의 눈에 부부가 오징어로 보이나 보다.
서로 사랑한다면서, 부둥켜안으니 목을 조르게 된다.
왜 그럴까? 사랑은 서로를 숨 막히게 하는 것일까?
'이상적인 부부의 조건'은 무엇일까?
두 가지가 필요충분조건이라고 생각한다.

첫째는 서로가 바라보는 방향이 같아야 한다.
서로의 가치관이 다르면, 한평생 부딪치게 된다.
부딪치는 게 안쓰러워 서로 부둥켜안으면,
서로의 목을 조르게 된다.
나는 남녀가 결혼하기 전에 반드시

'살아 있는 인문학'을 공부했으면 좋겠다는 생각을 한다.
그리하여 다들 확고한 자신의 가치관을 가졌으면 좋겠다.
요즘 2030 공부 모임이 뜨겁다.
일요일 한낮에 그들과 시와 철학과 인생을 얘기하다 보면,
3시간이 훌쩍 지나간다.
그들은 지식 위주의 공부가 아닌
삶을 가꾸는 공부에 경이로움을 느낀다고 한다.
자신의 길을 되돌아보고,
가야 할 길을 생각해본다.
젊은 청춘들이 삶에 대한 확고한 가치관을 갖고,
각자 사랑의 길을 찾아가기를 간절히 기원한다.

두 번째 부부에게 필요한 건,
정반대의 성격이라고 생각한다.
성격이 같으면, 좋을 것 같지만,
결혼은 치열한 현실이다.
현실을 바탕으로 이상을 이뤄가야 한다.
남편이 이상주의자면,
아내는 현실주의자가 되어야 한다.
그러면 남편은 항상 하늘을 향해 손을 뻗고,
아내는 언제나 땅에 발을 굳건히 딛고 있다.
그 둘이 부둥켜안으면,
하늘과 인간과 땅이 하나로 이어진다.

우주목(宇宙木)이 된다.

사랑과 전쟁 3

서로가 첫 번째인 혼인하고 아이 낳고
부부라 불리지만 왠지 항상 당신의
첩인 것만 같지요
당신도 항상 나의 그것인 것만 같지요

- 김경미, 〈나는야 세컨드 3〉 부분

본처와 첩(세컨드)의 차이는 무엇일까?
본처는 남편에 대한 소유권을 강하게 주장할 것이다.
"너는 내 거야!"
반면에 첩은 남편을 다른 여자와 공유하는 것을
당연하게 받아들일 것이다.
시인은 이 첩의 정신, 세컨드 정신을 갖고 있다.

따라서 시인은 남편이 밤늦게 오건,

다른 여자와 밤새도록 함께 있건, 신경 쓰지 않을 것이다.
수만 년 전의 원시인들이나,
지금도 지구 곳곳에 있는 석기 시대를 살아가는 소수민족 사회에서는
부부의 소유권을 우리처럼 강하게 주장하지 않는다.
문명은 소유에서 출발하였다.
그러다 보니, 우리는 사람에 대한 소유권을 당연시하게 된다.
이 '소유권 의식'이 우리를 얼마나 망가지게 하는가?

부부는 '같이 또 따로' 살아가야 한다.
서로에 대한 사랑은 소중히 지키고 가꿔가야 하지만,
사랑의 이름으로 상대방을 소유하거나 지배하려 하지 말아야 한다.
사랑은 서로만 바라보기를 바라는 집착이 아니다.
사랑은 서로를 성숙시켜 주는 것이다.
사람이 성숙하려면 많은 사람을 만나야 한다.

사랑과 전쟁 4

내게 잠 못 이루는 연애가 생기면
제일 먼저 의논하고 물어보고 싶다가도
아차, 다 되어도 이것만은 안되지 하고 돌아 누워버리는
세상에서 제일 가깝고 제일 먼 남자

- 문정희, 〈남편〉 부분

누구나 한 번쯤은
'사르트르와 보봐르의 계약 결혼'에 대해
들어보았을 것이다.
'결혼하지 않고 자식도 낳지 않으며, 서로에게 완벽한 자유를 허용한다.'
결혼이 서로의 사랑을 구속할 수 없다는 생각은
그 당시 사람들에게 충격이었을 것이다.
그런데,

이제 그런 생각을 실천하는 사람들이 있다.
한 중년 여성의 사례다.
그녀의 남편은 큰 식당을 운영하고 있는데,
크게 아프고 나서는 다음과 같이 선언하더란다.
"내가 앞으로 살면 얼마나 살겠나? 자유롭게 살겠다. 당신도 내게 간섭하지 말고 애인도 두고 살아라."

그래서
그녀는 남편에게서 연애비용까지 받는다고 한다.
애인과 함께 다니는 모습이 너무나 자연스러웠다.
많은 남녀가 결혼하지 않고
동거 형태로 가족을 이루고 있다.
그들의 가장 큰 문제는 어린 자식들의 양육인 듯하다.
아내들은 '잠 못 이루는 연애가 생기면' 어떻게 할까?
시 '남편'의 시적 화자, 아내는 화들짝 놀란다.
'아차, 다 되어도 이것만은 안되지'
부부가 자신들의 속마음을 숨기고 살아가는 것은
하얀 거짓말일까?
서로에 대한 예의일까?

부부 사이의 사랑과 전쟁은
자유로운 남녀가 이루어가는
사랑의 공동체에 의해 종식될 수 있을까?

열 번 찍어 안 넘어가는 나무 없다

언제부터인가 나는
논리를 익히고 기하학을 배우면서
내 사랑에게 말을 하기 시작했다.
난 휘파람을 잃었고
우린 심심찮게 말다툼을 했고
그때부터 세상은 내 삼각자 밑에 놓인 도면이었다.

- 이윤택, 〈맑은 음(音)에 대한 기억〉 부분

나도 '맑은 음(音)에 대한 기억'이 있다.
옆집에 예쁜 중학생 누나가 있었다.
어스름한 저녁이면, 고등학생 형들이 나타났다.
그들은 옆집을 기웃거리며, 휘파람을 불었다.
그러던 어느 날,
한 형이 내게 중학생 누나에게 주라며 편지를 건네주었다.

그런데, 편지를 전해주다 그 누나 할머니에게 걸렸다.
노발대발하던 할머니가 내게 편지를 읽으라고 했다.

나는 마당에 서서 편지를 낭송해야 했다.
지금도 벌벌 떨며 연애편지를 읽는
열 살배기 남자아이가 선명하게 보인다.
나는 그 끔찍한 경험을 하고서는
휘파람을 불 생각을 아예 하지 못했다.
혼자 조용히 방에서 분 경험이 몇 번 있다.

사랑을 말로 할 수 있을까? 시인은 한탄한다.
'내 사랑에게 말을 하기 시작했다./ 난 휘파람을 잃었고'
말은 오해의 근원이다(생텍쥐페리).
'우린 심심찮게 말다툼을 했고/ 그때부터 세상은 내 삼각자 밑에 놓인 도면이었다.'
사랑의 몸을 잃어버린 남자들은 말한다.
"열 번 찍어 안 넘어가는 나무 없다."
이 말에 속아 우리는 얼마나 많은 사랑을 잃어버렸는가!
사랑은 온몸으로 하는 것이다.
우주의 반쪽과 반쪽이 서로에게 다가가는 것이다.

그리하여 온전한 하나가 되어
같이 또 따로

살아가는 것이다.

성(性)에 대하여

내 인생은
피를 보고서야 멈추는 농담

- 김언희, 〈랄랄랄2〉 부분

시인은 자신의 인생이
'피를 보고서야 멈추는 농담'이라고 노래한다.
한강의 소설 '채식주의자'의 주인공 영혜의 처절한 삶이다.
영혜는 한 번도 자신의 욕망대로 살아 보지 못한
이 시대의 전형적인 여성상이다.

무의식 깊이 켜켜이 쌓인 그녀의 욕망이 어느 날 분출한다.
'나무가 되자!'
나무는 얼마나 선한가!
비바람 불고 눈보라 쳐도 그 자리를 떠나지 않는다.

오로지 하늘을 향해 두 손 모아 기도하고 있다.
다른 나무, 식물들과 오순도순 살아가는 나무.

하지만, 그녀가 진정으로 바란 게 나무였을까?
그녀는 형부와 성교하게 된다.
이때 영혜는 무엇을 느꼈을까?
많은 사람이 이 부분에 대해 분노한다.
미성년인 청소년에게 유해하다는 것이다.
그들은 왜 작가가 말하고자 하는
영혜의 아픔을 읽지 못하는 걸까?

영혜를 비난하려면,
먼저 영혜를 보이지 않는 가부장 사회의 감옥에 가둔
우리 사회에 대해 성찰해야 한다.

우리는 10대 아이들을 믿어야 한다.
그들의 영혼은 맑디맑다.
우리는 10대에 꾼 꿈의 힘으로 살아간다.

그들과 '부적절한 성행위 장면'에 관해 함께 논의하면,
그들은 아름다운 성 의식을 갖게 될 것이다.
성은 인간의 원초적인 본능이다.
성 에너지가 고상한 정신으로 상승하지 않으면,

인간은 건강한 삶을 살아갈 수 없다.

운우지락(雲雨之樂)

비가 오면
온몸을 흔드는 나무가 있고

- 이상희, 〈비가 오면〉 부분

한 여성 화가가 말했다.
"장대비가 내리는 날, 금강에 나체로 들어갔어요. 온몸으로 비를 흠뻑 맞았어요."
물속에서 비를 맞는 여성, 어떤 느낌이었을까?
대지의 여신 가이아가 된 기분이 아니었을까?

운우지락이라는 말이 있다.
'구름과 비의 즐거움'이라는 것이다.
구름이 비가 되어 대지에 내릴 때,
대지는 환희에 몸을 떤다.

비를 맞는 여성, 한 그루 나무가 되었다.

한강 소설의 '채식주의자'의 주인공 영혜가 꿈꾼 나무다.
나무가 된 영혜에게 남성의 사랑이 하늘의 비처럼 내렸다면,
영혜는 다시 사람으로 부활했을 것이다.
하지만, 형부는 하늘의 비가 되지 못했다.
인간으로 부활하지 못한 영혜는 점점 앙상해져 갔다.
화가 에곤 실레의
'나뭇잎을 떨구며 앙상하게 말라가는 나무'가 되었다.

대학교 때 나를 좋아했던 국문과 여학생이 있었다.
그녀는 비가 내리면 나와 같이 비를 맞으며 걷자고 했다.
함께 비를 맞으며 데이트를 했지만,
나는 그녀를 이해하지 못했다.
그녀도 나무가 되고 싶었을 것이다.
그녀에게는 두 개의 얼굴이 있었다.
깔깔거리는 천진한 얼굴과 가면처럼 굳은 얼굴.
그녀는 비를 맞으며
가면처럼 굳은 얼굴이 풀어져 갔을 것이다.
그녀는 내가 비가 되어 다가오기를 간절히 바랐을까?

성농담과 성희롱 사이

모시야 적삼에 반쯤 나온 연적 같은 젖 좀 보소
많이야 보면 병난단다 담배씨 만치만 보고 가소

- 상주 지역 민요, 〈채련요(採蓮謠, 공갈못 연밥 따는 노래)〉 부분

어느 날 김삿갓이 춘천 소양강에서 나룻배를 탔다.
노 젓는 이가 처녀 뱃사공이었다.
김삿갓이 그녀에게 한마디 농을 했다.
"여보 마누라, 노 좀 잘 저으시오."
처녀 뱃사공이 펄쩍 뛰며 말했다.
"내가 어찌 당신 마누라요?"
김삿갓이 태연하게 대답했다.
"내가 당신 배에 올라탔으니, 내 마누라지."
강을 건너 김삿갓이 배에서 내렸다.
처녀 뱃사공이 한마디 했다.

"잘 가거라, 아들아."
김삿갓, 눈이 휘둥그레져 대답했다.
"내가 어찌 당신 아들이오?"
처녀 뱃사공이 대답했다.
"내 뱃속에서 나갔으니, 내 아들이지."

김삿갓과 처녀 뱃사공의 수작은 성농담일까? 성희롱일까?
이것은 한 시대의 '일반적인 정서'가 기준이 되어야 할까?
나의 고향 상주의 민요에 나오는 가사,
'모시야 적삼에 반쯤 나온 연적 같은 젖 좀 보소/ 많이야 보면 병난단다 담배씨 만치만 보고 가소'
이것은 성농담일까? 성희롱일까?
요즘 '성담론'의 공론장이 많이 사라졌다는 생각이 든다.

성 해방이 인간 해방으로 등장한 것은 프랑스의 68혁명일 것이다.
시위대는 외쳤다.
"자유로운 섹스의 권리를 보장하라!"
"모든 금지를 금지하고, 상상력에 권력을 부여하라!"
우리 사회에 성담론이 풍부해졌으면 좋겠다.
'모든 금지를 금지하고, 상상력에 권력을 부여하라!'
성담론이 음지에서 양지를 지향했으면 좋겠다.
성(性)은 인간의 근원적인 생(生)의 마음(心)이니까.

4장

성과 사랑의 거리

아줌마가 된 소녀를 위하여

오랜 세월은 남편이 되고 아이들이 되어
네 몸에 단단히 들러붙어
마음껏 진을 빼고 할퀴고 헝클어뜨려 놓았구나

- 김기택, 〈아줌마가 된 소녀를 위하여〉 부분

오래전 술자리에서 '첫사랑'에 관한 이야기가 나왔다.
"첫사랑은 가슴에만 품고 있어야 해!"
나도 그런 경험을 했다.
중년인 그녀의 목소리를 들었을 때,
나의 환상은 다 깨져 버렸다.
투박한 목소리….
가느다란 전화선으로 전해져오는 그녀의 숨결,
나는 낯선 어느 중년의 여인과 이야기를 나누는 듯했다.

하얀 블라우스를 입고 까만 치마를 나풀거리며
내게 날아오던 요정은 어디로 간 것일까?
'오랜 세월은 남편이 되고 아이들이 되어'
그녀를 너무나 흔한 중년의 여성으로 만들어버렸다.
그래서 '결혼은 무덤'이라는 말이 있을 것이다.

그래서 우리는 결혼을 재구성해야 한다.
부부는 일심동체(一心同體)가 아니라
'이심이체(二心二體)'가 되어야 한다.
'홀로와 함께' 살아가야 한다.
인간은 각자 '개성(個性)'이 있기에
모두 다 다르게 살아야 한다.
각자 자기만의 세계를 꾸려가야 한다.
또한, 인간에게는 '본성(本性)'이 있기에,
부부는 깊은 마음에서 하나가 되어야 한다.
개성과 본성이 사라진 인간 사회에서는
다들 '아저씨, 아줌마'가 되어버린다.

'바리공주'를 위하여

캄캄한 밤이라도 하늘 아래선
마주 잡을 손 하나 오고 있거니

- 고정희, 〈상한 영혼을 위하여〉 부분

옛날 옛적
불라국의 오구 대왕과 길대 부인 사이에는
여섯 딸이 있었다.
그런데 일곱 번째에도 딸이 태어나자
왕은 딸을 버리게 된다.
버려진 아기, 바리공주는 옥함에 넣어져
강과 바다에 떠다니게 된다.
그러다 자식 없이 가난하게 사는
노부부에게 발견되어 길러지게 된다.
바리공주는 제대로 된 교육을 받지 못했지만

총명하게 자랐다.

그녀가 15세가 되던 해,

오구 대왕은 자식을 버린 죄로 불치병에 걸렸다.

어느 날, 오구 대왕은 한 고승에게서

"오직 저승의 생명수만이 대왕을 살릴 수 있다"는 말을 듣게 된다.

하지만, 신하들은 물론 곱게 기른 여섯 딸조차

별의별 핑계를 대며 저승에 가지 않으려 했다.

이를 알게 된 바리공주는 자신을 버렸더라도

부모는 영원한 부모라며

모든 난관을 극복하고 아버지의 불사약을 구해 온다.

아버지를 살려낸 바리공주는 이승을 떠나

저승에서 불쌍한 영혼을 인도하는 신이 되었다.

이 설화는 가부장 사회에서 크게 상처받은

한 여인의 멋진 '자기실현(自己實現)'을 보여준다.

인간의 내면에는 자기(Self)가 있다.

자기는 우리 내면의 영혼이다.

영혼은 천지자연과 하나로 연결되어 있기에,

커다란 사랑과 지혜가 있다.

바리공주는 상한 영혼의 자기 구원에 대한 모델이다.

우리는 자신의 영혼을 믿고,

한평생 영혼의 소리를 들으며 살아가야 한다.

땅감나무

키가 너무 높으면
아기들 올라가다 떨어질까 봐
키 작은 땅감나무가 되었답니다

- 권태응, 〈땅감나무〉 부분

경허선사가 사미승과 함께 길을 가다
도랑물이 불어나 개울을 건너지 못하는 처녀를 만났다.
처녀가 말했다.
"저를 업어서 개울을 건네주시면 돈을 드릴게요."
경허선사는 그녀를 업어서 개울을 건네주었다.
그녀가 돈을 건네주자, 경허선사는 손바닥으로 그녀의 엉덩이를 철썩 때렸다.
"품삯은 이것으로 됐으니 그냥 가시오."
이를 본 동자승은 경허선사에게 따져 물었다.

"스님! 공부하는 중은 아녀자를 가까이하지 말아야 하는데 어찌하여 스님은 계율을 어기셨습니까?"

이에 경허선사가 말했다.

"나는 그 아녀자를 내려놓았거늘 너는 어찌하여 아직도 그 아녀자를 품고 있느냐?"

그는 그 처녀에게 돈이면 뭐든 다 된다는 사고를
'모욕'을 주고서라도 깨닫게 해주고 싶었을까?
(이 부분에 대해서는 다양한 시각이 있을 것 같다.)
만일 공동체가 살아 있는 사회라면 어땠을까?
힘이 약한 처녀가 개울을 건너지 못하고 있을 때,
힘이 강한 남자가 업어주는 게 너무나 당연하지 않았을까?
경허선사는 물신(物神) 숭배가 팽배해지는 세상에서
한 사람이라도 구하고 싶었을까?
그의 경지는 엄청 높은 듯하지만,
사실 너무나 당연한 것을 실천하는 사람이 아니었을까?

시인은 키가 작은 '땅감나무'를 눈부시게 바라본다.
'키가 너무 높으면/ 아기들 올라가다 떨어질까 봐/ 키 작은 땅감나무가 되었답니다'

성과 사랑의 거리

창밖엔 무드 있게 비가 내리고
어느 여대 앞 정거장에서 그녀의 가방이 올라 탄 거야
나는 빗방울의 애무에 축축히 젖은 그녀의 가방을
내 성기 위에 올려놓았어

- 함민복, 〈나는 여대생의 가방과 카섹스를 즐겨보려 한 적이 있다〉 부분

예전에는 버스에서 가방을 들어주는 문화가 있었다.
느긋하게 앉아 있을 때,
여학생이 다가오면 가슴이 쿵쾅거렸다.
그녀의 가방을 두 손으로 감싸 무릎에 올려놓았다.
가방을 꼭 안고 꾸벅꾸벅 졸았다.
시인처럼 과감한 상상은 하지 못했다.
아마 '감수성'이 제대로 깨어 있지 않아서 그런 것 같다.

이렇게 '동물적'이었던 시인이 어떻게 고상한 시를 쓰게 되었을까?

아프로디테는 아들 에로스를 사랑하는 프시케에게 네 가지 과제를 준다.

첫 번째는 밀·보리·기장·콩 등이 섞여 있는 곡식들을 각각 종류별로 분류해놓는 것,

수많은 개미의 도움으로 해결하게 된다.

두 번째는 황금 털을 가진 양들에게서 양털을 구해오는 것,

바람의 도움으로 덤불과 나무줄기에 걸려 붙어 있는 양털을 구해오게 된다.

세 번째는 천 길 낭떠러지 계곡에서 폭포수를 길어오는 것,

독수리의 도움으로 물통 가득 물을 길어오게 된다.

네 번째는 명부의 세계에 내려 상자 속에 아름다움을 담아오는 것,

지상에 도달하기 전까지 절대 열어보지 말라는 금기를 어겨

영원한 잠인 죽음에 빠져들게 된다.

이 과제들을 통과한 프시케(정신)에 의해

인간의 성은 비로소 에로스가 되는 것이다.

개미, 바람, 독수리는 무의식의 힘을 상징한다.

시인은 치열하게 살아가면서

이 네 가지 과제를 통과하게 되었을 것이다.

성과 사랑의 사이에는 레테의 강이 있다.
작은 나가 죽고 큰 나로 다시 태어나야 한다.

작은 짐승

난(蘭)이와 나는
역시 느티나무 아래서 말없이 앉아서
바다를 바라다보는 순하디순한 작은 짐승이었다.

- 신석정, 〈작은 짐승〉 부분

내게 난(蘭)이는 외갓집의 사촌 누이다.
초등학교에 들어가기 전,
엄마 따라 외갓집에 자주 갔다.
동갑인 사촌 여자아이,
그 아이와 나는 깨진 병을 주우러 다녔다.
엿장수가 올 때, 깨진 병 조각을 갖고 갔다.
우리는 엿을 먹으며 마주 보고 웃었다.
깨진 병 조각도 엿과 바꿔먹던 시절,
참으로 포근했다.

그러다 5학년이 되었을 때,
그 아이가 우리 집에 놀러 왔다.
나는 가슴이 두근거렸다.
학교에서 가져온 옥수수 급식 빵을
그 아이한테 주려다
얼굴이 발개져 뒤꼍으로 갔다.
혼자 우두커니 서서 급식 빵을 우걱우걱 먹었다.
우리는 이제 더는 작은 짐승이 아니었을 것이다.

그 후 '작은 짐승'은 내 가슴 속에 깊이 숨었을 것이다.
그러다 내가 사랑하는 여자를 만날 때,
작은 짐승이 밖으로 튀어나왔다.
상대방도 작은 짐승이 되었다.
작은 짐승은 그 후 요정이 되고,
선녀와 천사가 되었을 것이다.
선녀와 천사는 대지모신이 되고,
관세음보살이 되고, 성모 마리아가 되었을 것이다.
가끔 내 안에서 작은 짐승이 깨어날 때가 있다.
나는 한없이 순해진다.

부부

부부란 여름날 멀찍이 누워 잠을 청하다가도
어둠 속에서 앵하고 모기 소리가 들리면
순식간에 합세하여 모기를 잡는 사이이다

- 문정희, 〈부부〉 부분

사이가 나쁜 부부가 참으로 많다.
나는 부부 사이가 좋다.
나와 아내가 함께 인문학을 공부하기에 그렇다는 생각을 한다.
사랑을 잘하려면
에리히 프롬이 말하는 '사랑의 기술'을 알아야 하듯이,
부부가 잘살려면 '부부의 기술'을 알아야 한다.

부부는 '사랑의 공동체'가 아니라 '삶의 공동체'다.

'부부란 여름날 멀찍이 누워 잠을 청하다가도'
부부는 각자 적당한 거리를 두고 살아야 한다.
부부는 하나가 되는 것이 아니다.
하나가 되면, 반드시 상·하가 생겨난다.
부부가 상·하의 사이가 되면,
서로의 영역을 함부로 침범하게 된다.
전쟁의 시작이다.

부부는 각자 자유로운 존재여야 한다.
각자 자유로운 존재로서 함께 공동체(가정)를 꾸려 가야 한다.
각자 자유롭게 자신의 길을 가면서,
공동의 이익을 위하여 서로가 하나로 뭉쳐야 한다.
'어둠 속에서 앵하고 모기 소리가 들리면/ 순식간에 합세하여 모기를 잡는 사이이다'

부부론

결혼은 삼겹살을 굽는 것이네
타지 않게 골고루 잘 익혀야 하는 것이네
너무 높지도 낮지도 않게 불꽃을 조절하고
알맞게 익도록 방심하지 않는 것이네

- 공광규, 〈부부론〉 부분

삼겹살을 굽는 게 얼마나 어려운지는 누구나 다 알 것이다.
시인은 '부부생활은 삼겹살을 굽는 것'이라고 말한다.
참으로 적절한 비유다.
한평생 삼겹살을 구워야 한다니!
시시포스의 형벌이다.
문제는 그 형벌을 어떻게 잘 견디느냐다.

알베르 카뮈의 가르침처럼,

우리는 시시포스의 미소를 지을 수 있어야 한다.
우리는 인생사 그 무엇에도 애쓰지 말아야 한다.
절로 절로 되어야 한다.

부부의 첫째 조건,
둘이 같은 곳을 바라봐야 한다.
가치관이 다르면 사는 게 너무나 고달프다.
부부생활이 생지옥이 된다.
그러려면, 우리는 인간의 욕구를 잘 알아야 한다.
인간은 짐승과 신(神) 사이의 존재다.
동물적인 욕망도 만족해야 하지만,
신적인 욕망도 만족해야 한다.
물질 이상의 가치를 중요시하는 부부가 되어야 한다.
물질만 추구하는 부부는 삶의 위기를 견디지 못한다.

둘째 조건,
성격은 정반대가 좋다.
부부는 인생의 동반자다.
가정이라는 공동체를 함께 꾸려가야 한다.
이상과 현실, 이 둘의 균형을 잡아야 한다.
한 사람이 꿈을 꾸면,
다른 한 사람은 또랑또랑 깨어 있어야 한다.
두 조건이 충족될 때,

부부의 삼겹살 굽기는 신나는 놀이가 될 것이다.

부부의 해로(偕老)

네트 ‖ 는
여전 ‖ 히
둘 ‖ 사이에
남아 ‖ 있다

- 로저 맥거프, 〈40 러브〉 부분

40대 부부가 테니스를 친다.
깔깔 웃으며, 둘의 점수가 '40 대 러브(0점)'가 된다.
넘사벽이다. 그래도 그들은 화사하게 웃는다.
그들 사이에 가로 놓인 ∥, 이 ∥는
부부 사이에 생길 수밖에 없는 장벽일까?
아무리 다가가도 하나가 될 수 없는
이 ∥의 정체는 무엇일까?

어제 2030 공부 모임이 있었다. 물어보았다.
"결혼한 부부는 검은 머리가 파 뿌리가 되도록 해로해야 할까요?"
다들 고개를 끄덕였다.
의외였다.
결혼했더라도 연애는 계속하겠다는 2030 세대도 보았는데.
앞으로는 다양한 결혼 형태가 존재하게 될 것 같다.

나는 그들에게 인간의 근원적인 욕구
두 가지에 대해 생각해보라고 했다.
신화학자 조셉 캠벨은 인간에게는 '자아실현(自我實現)'과 함께
'자아초월(自我超越)'의 욕구가 있다고 했다.

자아실현은 자아(自我, Ego)를 실현하는 것이다.
자아는 세상에서 말하는 자신의 정체성이다.
남자, 여자, 남편, 아내, 회사원, 공무원, 예술가, 학자, 부장, 사장….
이 자아들을 한껏 꽃 피워가는 게 자아실현이다.
세상에서 말하는 소위 '성공한 사람'이 되는 것이다.
그렇게 성공하고 나면, 그들은 만족할 수 있을까?
만족할 수 없다.

인간에게는 영적인 나, 참나(自己. Self)가 있기 때문이다.
부부가 자아실현과 함께
자아초월의 욕구를 향해 나아가는 인생의 동반자가 된다면,
그 부부 사이에 장벽은 사라질 것이다.

부부생활

말싸움 같은 것은 흔적도 없다
남편이 한쪽을 맡고 또 한쪽을 아내가 맡아
탓도 상처도 밟아 가는 길
안팎으로 침묵과 위로가 나란하다

- 오창렬, 〈부부〉 부분

  오래전에 부부 쌍과 불륜 쌍의 구별법에 대해 들은 적이 있다.
  남녀가 함께 길을 가다 차가 다가오면,
  부부는 양쪽 길가로 갈라지고,
  불륜 남녀는 한쪽 길가로 붙는단다.
  다들 킥킥거렸지만, 쓸쓸한 웃음이 여운을 남겼다.
  부부, 암수가 수십 년을 함께 사는 동물은 인간밖에 없다고 한다.

그러니 오래된 부부들은 무덤덤하다.
남녀 사이 같지 않다.
'가족끼리 어떻게 섹스를 하니? 근친상간이야!'

부부가 잘살아가려면,
넷이 산다고 생각하라는 말이 있다.
남편이 아내를 볼 때,
남편은 내면의 여성(아니마)을 투사한다.
아내를 2단계 아니마,
헬레나(섹시한 여성)로 생각할 수 있는 것이다.
그때 아내는 헬레나 역할을 해야 한다.

그러면,
남편의 내면의 헬레나가 깨어나 남편이 성숙하게 된다.
이렇게 서로 변신하게 되면,
부부생활이 서로를 성숙하게 한다.
각자 성숙해지면서,
가정이라는 공동체를 꾸려가야 한다.
'같이 또 따로'
그러면 가정은 서로 집착하거나 의존하지 않는
아름다운 사랑의 공동체가 되어간다.
인생의 목적은 자기실현(自己實現)이다.
자신의 영혼, 자기(自己)는 '양성적(兩性的) 인간'으로 구현된다.

부부가 자기실현의 길을 함께 걸어갈 때, 부부생활은 늘 경이로 가득 차게 될 것이다.

가구 부부

본래 가구들끼리는 말을 많이 하지 않는다.
그저 아내는 방에 놓여 있고
나는 내 자리에서 내 그림자와 함께
육중하게 어두워지고 있을 뿐이다.

- 도종환, 〈가구〉 부분

8년째 이어져 오던 부부 인문학 모임이 깨졌다.
집으로 오는 길, 가슴이 너무나 아팠다.
전혀 예상하지 못한 일이었다.
부부 인문학 모임이 끝나 집으로 돌아올 때,
아내에게 말했었다.
"이 모임 평생 가겠지?"
아내는 고개를 끄덕였다. "응."
아내가 34년의 교직 생활을 끝내고 전업주부가 되었을 때,

나는 아내가 걱정되었다.

주부로 잘 지낼 수 있을까?

그래서 만든 게 부부 인문학 모임이었다.

다른 공부 모임에서 부부 인문학 모임을 얘기하면,

회원들이 의아해하며 물었다.

"아직 하셔요?"

부부가 같이 공부 모임을 하면 다들 깨진단다.

부부가 싸워서 그렇게 된단다.

그렇다 우리 모임도 부부의 갈등이

어느 날 드러나더니 차츰 증폭되었다.

아, 부부가 인문학 공부의 동지는 될 수 없는 걸까?

부부의 갈등을 인문학의 힘으로 극복할 수는 없는 걸까?

나는 부부 인문학 모임이라는 전쟁터에서

처참하게 패하고 나 뒹굴어졌다.

앞으로 회원들은 어떻게 되는 걸까?

인문학을 공부하지 않아도 잘 살아갈까?

가구 부부가 되면 어떡하나?

한 회원의 말이 귀에 맴돈다.

"내가 거실에 있을 때, 남편이 안방에서 나오면 나는 안방으로 들어가요. 그러다 남편이 안방에 들어오면, 내가 다시 나와요."

안방과 거실로 나눠서 이동하는 가구 부부,
서로 '육중하게 어두워지고 있을 뿐이다.'

아내의 꽃

기미꽃, 죽은깨꽃, 주름꽃
다양한 아내의 꽃밭에서 그래도 볼 위에
살짝 얹어진 웃음꽃이 가끔씩 위안으로 피어난다

- 김경진, 〈아내의 꽃〉 부분

'아내'에 대한 적당한 호칭이 없다는 생각이 든다.
남들에게 아내를 소개할 때,
'우리 마누라' '집사람'
다 아내를 비하하는 것 같다.
그래서 생각해 낸 것이 '각시'다.
나는 강의할 때나 남에게 아내를 소개할 때,
'우리 각시'라는 말을 한다.
아내들은 흔히 남편을 '신랑'이라고 하지 않는가?
신랑에 대응하는 각시,

아내와는 그야말로 '불같은 사랑'을 했다.
내게 기적처럼 온 사랑,
나는 한동안 꿈속에서 살았다.

하지만, 결혼하고,
아이들이 태어나고, 사랑이 현실이 되면서,
사랑에 파열음이 일 때가 있었다.
참담했다.

그때 내게 돌파구를 마련해 준 사람이
사회심리학자 에리히 프롬이었다.
그는 사랑을 다음과 같이 정의했다.
'사랑이란 단 하나의 성스러움이며, '존재'라는 인간의 고뇌에 가장 만족스러운 해답이다.'
사랑은 '작은 나(자아)'를 넘어서
'큰 나(자기)'가 되는 성스러운 체험이다.
사랑은 인간의 모든 고뇌를 극복할 수 있게 한다.
따라서,
사랑은 '불같은 사랑'으로 끝나지 말아야 한다.
그는 말한다.
"사랑은 기술이다."
부부는 영(靈)적 벗이 되어 함께 사랑을 가꿔가야 한다.
육체, 물질, 지상의 사랑에서

천상의 사랑을 꽃피워야 한다.

취하라

 취하라, 시간의 노예가 되지 않으려면. 취하라, 항상 취해있어라. 술이건, 시(詩)건, 미덕이건 당신 뜻대로.

 - 샤를 보들레르, 〈취하라〉 부분

 시인은 "취하라!"고 외친다.
 그런데, 성현들은 우리에게
 "항상 깨어 있어라!"라고 가르치지 않았는가?
 시인이 살던 시대는 근대산업사회가 꽃을 피우던 19세기였다.
 하지만, 그는 '파리의 우울'을 보았다.
 그는 물질의 풍요 속에서 우울과 권태에 몸부림치는
 근대의 이성적 인간을 보았다.

 그는 외친다.

'취하라, 시간의 노예가 되지 않으려면. (…) 술이건, 시(詩)건, 미덕이건.'

근대인, 현대인의 가장 큰 문제는 '시간의 노예'가 되는 것이다.

우리는 모두 화살처럼 날아가는 시간 속에서
발버둥을 치며 살아가지 않는가?
그래서 우리는 시간의 흐름을 끊어야 한다.
취하여
'무시간(無時間)의 세계' 속으로 들어가야 한다.

우리를 취하게 하는 에너지는
프로이트가 말하는 리비도(성 본능)다.
우리는 이 리비도를 깨워
늘 무언가에 취할 수 있어야 한다.
또한,
우리는 리비도의 에너지로 사랑의 꽃을 피워야 한다.
사랑의 꽃이 피어나면,
우리는 늘 깨어 있게 된다.
우리는 드디어 늘 취해있으면서 동시에 깨어 있게 된다.

잠시 잠깐, 생

아, 이것이로구나 어쩌면
이게 다로구나 나는
마지막까지 내게 남을 육체

- 이선영, 〈잠시 잠깐, 생〉 부분

인간의 삶에 있어, 성과 사랑에 있어,
몸을 바라보는 시각, 철학은 너무나 중요하다.
인류는 오랫동안 육체와 정신(영혼)이 분리된
이분법의 사고를 해왔다.
그럼, 무엇이 중요한가?
당연히 정신(영혼)이 중요하다.
플라토닉 사랑이 등장하게 된다.

이런 사고방식에 의해, 얼마나 많은 청춘남녀가

사랑 한번 제대로 해보지 못하고 시들어갔던가!
인간의 몸이 중시된 건, 최근의 일이다.
신 중심의 중세가 무너지고 근대사회가 등장하면서
인간이 세상의 중심이 되었다.

우리는 철저하게 깨달아야 한다.
'아, 이것이로구나 어쩌면/ 이게 다로구나 나는/ 마지막까지 내게 남을 육체'
그럼 정신은? 영혼은?
많은 사람이 허무주의에 젖는다.
허무주의가 현대인에게 가장 무서운 악마일 것이다.

허무주의를 극복하기 위해서는,
'육체와 정신의 이분법'의 허상에서 벗어나야 한다.
우리의 몸은 육체이면서 정신(영혼)이다.

우리는 일상에서 몸 자체를 온전히 느껴보아야 한다.
그리하여 몸의 거룩함을 느껴야 한다.
위대한 자연과 예술 작품을 대하며,
몸의 신성함을 느껴야 한다.
몸이 영혼 그 자체임을 깨달을 때,
우리는 온전히 사랑할 수 있을 것이다.
육체와 영혼이 합일된 사랑을.

그러면, '잠시 잠깐, 생'에서
영생을 발견하게 될 것이다.

마른 물고기처럼

어둠 속에서 너는 잠시만 함께 있자 했다
사랑일지도 모른다, 생각했지만
네 몸이 손에 닿는 순간
그것이 두려움 때문이라는 걸 알았다
너는 다 마른 샘 바닥에 누운 물고기처럼
힘겹게 파닥거리고 있었다,

- 나희덕, 〈마른 물고기처럼〉 부분

'장자'에 나오는 구절이다.
'샘의 물이 다 마르면 물고기들은 땅 위에 함께 남게 된다. 그들은 서로가 습기를 공급하기 위해 침을 뱉어 주고 거품을 내어 서로를 적셔준다.'
언뜻 보면,
물고기들의 사랑으로 보인다.

하지만 우리는, 냉정해야 한다.
자신을 속이지 말아야 한다.

인생에는 공짜가 없다.
사랑이 아닌 것은 언제고
그 진짜 모습을 드러낸다.
그때 이렇게 말하지 말자.
"사랑이 어떻게 변하니?"
애초에 사랑이 아니었다.

이어서 '장자'에 다음과 같은 구절이 나온다.
'하지만 이것은 강이나 호수에 있을 때 서로를 잊어버리는 것만 못하다. 적어도 물속에서는 살 수 있다. 두려움을 사랑으로 가장하기보다는 따로 떨어져 서로를 잊는 것이 낫다.'

인간이 자연을 훼손하지 않는 한,
자연은 맑디맑다.
자연 속에서 서로 유유자적 살아가야 한다.
강물을 다 오염시켜 놓고, 서로 부둥켜안고,
서로 침을 뱉으며 견디는 게 사랑인가?
사랑은 서로 의존하는 것이 아니다.

진정한 사랑은 두 사람만의

이기적인 사랑이 아니다.
천지자연을 다 품는 큰 사랑이다.

5장

욕망이여 입을 열어라

인간은 사회적 존재다 1

 오늘 밤은 쉬어야 해. 106호 고독한 남자는 206호 고독한 여자가 된다. 우리 집엔 애들이 없어요. 그리고 난 쭉 천장을 노려보고 있었어요. 306호는 살인사건 이후 칼 한 자루까지 사라졌잖아요. 세상에서 가장 조용한 집이 됐잖아요.

- 김행숙, 〈오늘 밤은 106호에서 시작되었다〉 부분

최근에는 독신자가 많이 늘어났다고 한다.
하지만 우리는,
인간은 결코 '개체'가 아니라는 것을 확실히 알아야 한다.
인간은 이미 인간 세상의 관계망 속에 존재한다.
내가 남자인 것은, 세상에 여자가 있기 때문이다.
내가 여자와 무관하게 남자인 것이 아니다.

나의 정체성을 '나 홀로 남자'라고 생각하게 되면,

여자 없이 나 홀로 살아갈 수 있다는 생각을 하게 된다.

하지만, 남자 안에는 이미 여성이 들어와 있다.

아니마(내면의 여성)다.

나 홀로 남자라고 생각하게 되면,

내 안의 여성이 계속 잠을 자게 된다.

잠자는 공주를 깨워야 한다.

그녀가 깨어나야 나의 마음이 온전해진다.

이성(理性)과 감성(感性)을 겸비하게 된다.

독신으로 살더라도, 다른 남자, 여자는 자신의 마음속의 남자,

여자가 밖에 투영된 존재라는 것을 항상 잊지 말아야 한다.

그래야 작은 나를 넘어 큰 나로 살아갈 수 있다.

항상 다른 사람의 마음과 소통하게 된다.

그렇지 않으면, 마음이 작은 나에 갇혀 정신 질환이 오게 된다.

벌통처럼 지어진 아파트, 빌라에 살면서 서로 무심하게 살아가면,

다른 사람의 모든 소리가 소음이 된다.

'오늘 밤은 쉬어야 해.' 매일 피곤하다.

'106호 고독한 남자는 206호 고독한 여자가 된다.'

인간은 사회적 존재다 2

가갸 거겨

고교 구규

그기 가.

- 한하운, 〈개구리〉 부분

 시인의 나이 열일곱 살 이리 농림학교 5학년 때,
 그는 뇌성벽력 같은 선고를 받는다.
'진찰이 끝난 뒤, 조용한 방에 나를 불러놓고 재판장이 죄수에게 말하듯이 문둥병이라 하면서 소록도로 가서 치료하면 낫는다고 하면서 걱정할 것 없다고 하였다.'
 문둥이가 된 그는 정처 없이 떠돌게 된다.
 그는 이제 '인간 사회'에 살 수 없게 되었다.
 그는 어느 날 저녁 시골길을 걷다가 개구리 소리를 듣는다.
 '가갸 거겨/ 고교 구규/ 그기 가.'

개구리 소리가 어릴 적 한글 배우던 아이들 목소리로 들린다.

얼마나 좋았던가!
부모님의 보호 아래 아이들과
한글도 배우고 들판을 마구 뛰어놀던 시절.
현대사회를 '핵 개인의 시대'라고 한다.
문둥이 환자 선고를 받은 것도 아닌데,
우리는 핵(核)이 되어 살아가야 한다.

과거에는 대가족이었다.
커다란 공동체가 나를 보호해 주었다.
언젠가부터 핵가족이 되더니 이제는 핵 개인이 되었다.
각자도생(各自圖生),
이제 각자 살길을 찾아가야 한다.
그러다 보면,
인간 사회에서 내팽개쳐지는 사람이 있게 된다.
이탈리아의 철학자 조르조 아감벤이 말하는 '호모 사케르'다.
추방된 존재, 노숙자 같은 사람이다.
인간은 홀로 살아갈 수가 없다.
우리는 어떤 형태의 가족을 만들어가야 할까?

책과 창녀

천사이며 창녀인

그래, 한 입으로 두말하게 만드는
너,
정말 누구니?

- 강기원, 〈저녁 어스름처럼 스며든〉 부분

독일의 철학자 발터 벤야민은 말한다.
"책과 창녀는 잠자리에 갖고 들어갈 수 있다. 책과 창녀는 시간을 헷갈리게 만든다."
충격을 준다.
아득히 멀다고 생각했던 책과 창녀가 하나로 묶이다니!
이런 사유를 '성좌의 사유'라고 한다.

성좌, 별자리는 원래 있는 것이 아니다.
사람이 이 별 저 별을 하나로 묶어 만든 것이다.

벤야민도 여기 있는 책,
저기 있는 창녀를 하나로 묶은 것이다.
이런 사유를 할 수 있을 때,
우리는 삼라만상을 평등하게 볼 수 있다.
'저녁 어스름처럼 스며든' 시간,
우리는 '천사이며 창녀인'인 존재를 볼 수 있다.
경계가 사라졌기 때문이다.
우리는 그동안 '명확한 지성(知性)'을 최고의 가치로 여겨왔다.
그러다 보니,
세상은 갈가리 찢어진다.
산, 하늘, 나무, 사람… 모두 따로 존재한다.
이런 사유에서는 존재는 계속 찢어지게 된다.

사람이 사람에게 다가갈 수 없고,
사람의 몸도 부위별로 나눠진다.
나눠진 부위는 더 작게 나눠진다.
우리는 평등의 가치를 높게 친다.
그런데 왜 우리는 불평등한 세상에 살아가야 하는가?
먼저 우리의 사고를 바꿔야 한다.

지성을 넘어서야 한다.

화장과 폭력 사이

속이 비었나 봐
화장이 진해지는 오늘이다.
(…)
색과 향이 있는
대담한 사생활은
그저 이것 하나뿐.

- 신달자, 〈화장〉 부분

속이 비면 어떻게 할까?
여성은 화장하는 것밖에 없었을 것이다.
'색과 향이 있는/ 대담한 사생활은/ 그저 이것 하나뿐.'
남성은 어떻게 할까?
권력의 화신(化神)이 되었을 것이다.
언뜻 보면,

권력의 화신들이 센 것처럼 보이지만,
실은 그들의 속이 비어서 그렇게 되었다.

빈 마음을 채우려다 보니,
각자 자신들의 습성대로 하게 되었다.
여자는 온순해야 해! 남자는 세야 해!
타고나기를 부드러운 남자인 나도
센 남자처럼 보이려 무지 노력을 했다.
태권도를 배우고, 어깨에 힘을 주고 다녔다.
그렇게 살다 보니, 속은 점점 더 비워져 갔다.
내가 시를 공부하고 시민단체에서 활동하지 않았다면,
나는 점점 더 강한 남자가 되려 몸부림을 쳤을 것이다.

온 인류의 손가락질을 받는 히틀러도
처음에는 속이 빈 남자였을 것이다.
세상이 그의 빈 마음을 알아주지 않자,
그는 권력의 갑옷을 찾아 나섰을 것이다.

세상이 속이 빈 사람들의 속을 채워줘야 한다.
그렇지 않으면 그들은 무슨 짓을 할지 모른다.
인간이 간절히 바라는 것은 충만함이다.
이것을 맹자는 호연지기(浩然之氣)라고 했다.
우주의 기운이 내 온몸에 가득 채워져 있는 느낌!

그때 비로소 우리는 인간이다.

개 줄 당기기

여자중학교 운동장 한복판
화창한 봄날 아침
개 두 마리 줄 당기는데
(…)
정교장 선생 근엄하게 주례사 읊는데
개새끼들 하필이면 개새끼들 하필이면

- 이재금, 〈개 줄 당기기〉 부분

견유학파(犬儒學派)의 철인 디오게네스가
아테네 광장에서 수음한 후,
배를 문지르며 한마디 했다고 한다.
"배고픔도 이렇게 배를 문질러서 해결할 수 있다면 얼마나 좋을까?"
 그의 목표는 개(犬)처럼 사는 것이었다.

개는 얼마나 자유로운가!
여자중학교 운동장 한복판에서 교장 선생님 훈화에도
아랑곳없이 개 줄 당기기를 할 수 있으니.

그의 성행위는 여성이 없어도 쉽게 해결한다.
개를 넘어섰다.
하지만, 배고픔만큼은 개를 넘어설 수가 없다.
생명체는 다른 생명체를 먹어야(죽여야) 산다.
이 얼마나 슬픈 일인가! 산다는 게 죄짓는 일이다.

그래서 원시인들은 사냥하기 전에
반드시 동물의 신에게 허락을 받고 사냥했다.
사냥한 동물을 먹은 후에는 경건하게 제사를 지내주었다.

디오게네스는 이러한 식의 욕구에 대한
인간의 원초적 고통을 고민했을 것이다.
하지만, 그에게 성의 욕구 해결은 너무나 쉬운 것이었다.
그런데, 성욕이 자위만으로 해결할 수 있을까?
성욕은 해결되겠지만,
성욕이 승화한 사랑의 욕구는 어떻게 할 것인가?

그는 세계시민을 자처했다.
그의 모든 인간에 대한 사랑은

이성애(異性愛)까지 품을 수 있었을까?

원죄의식(原罪意識)

사춘기 때 수음 직후의 그
죽어버리고 싶은 죄의식처럼,

- 황지우, 〈수은등 아래 벚꽃〉 부분

고등학교 다닐 때, 수시로 남근이 발기했다.
그때마다 '5형제'의 도움으로 달래주어야 했다.
수음이 끝나면, '죽어버리고 싶은 죄의식'을 느꼈다.
아마 이것이 원죄(原罪)의 원조가 아닐까 싶다.

성(性)은 인간 사회에서 많은 부분 금기가 된다.
동물들은 전혀 성을 부끄러워하지 않는다.
그래서 그들의 성은 건강하다.
아마 원시인들도 성의 금기가
문명인보다 훨씬 적었을 것이다.

인간과 동물의 결정적 차이는 '근친상간 금지'라고 한다.
근친상간으로 태어난 아이는 정체성이 모호해진다.
그래서 근친상간이 금지되었다고 한다.

그런데 금지된 것은
인간에게 욕망을 불러일으킨다.
성에 의한 원죄의식은
과거 농경사회에서는 거의 없었을 것 같다.
성이 왕성한 10대에 결혼할 수 있었으니까.
꼭꼭 눌러 놓은 성의 에너지는 어떻게 될까?
많은 철학자, 심리학자들은 '권력욕'으로 간다고 한다.
그래서 성의 억압이 심한 사회일수록 사람들은
사디즘(가학증), 마조히즘(피학증)에 시달리게 되는 것이다.

1020 세대의 자유롭고 아름다운 성을 보고 싶다.
그리하여 그들이 건강한 어른으로
성장하는 모습을 보고 싶다.

나는 소망한다 내게 금지된 것을

숨겨둔 정부(情婦) 하나
있으면 좋겠다.
머언 기다림이 하루종일 전류처럼 흘러
끝없이 나를 충전시키는 여자,

- 이수익, 〈그리운 악마〉 부분

사랑을 주제로 한 소설, 영화, 연극…
거의 다 금지된 사랑이다.
우리는 간절히 소망한다.
'숨겨둔 정부(情婦) 하나 있으면 좋겠다.'
하지만 불륜이 오래되면, 퇴색한다.
"이제, 그만 사귀고 싶어요."
8년 된 '불륜 커플'이 말한다.

인간은 생각하는 동물이라, 생각이 가장 중요하다.
한번 결핍이 생긴 것은 강한 생각을 불러일으킨다.
욕망이 탄생한다.
욕망은 한평생 우리 머리 위를 떠돈다.
욕망의 만화경, 우리가 사는 세상이다.
그래서 우리는 항상 목마르다.
'사막 어딘가에는 오아시스가 있을 거야!'

모계사회에서는 사랑의 욕망이 강하지 않을 것 같다.
남녀는 오로지 사랑으로 만나니까.
그리고 둘 사이는 쿨하니까.
부계사회에서는 남녀 사이에 돈이 끼어들고,
남녀가 이룬 가정은 '사랑의 공동체'가 아니라
'경제 공동체'가 되어버린다.
남녀의 만남은 '사랑과 전쟁'이 된다.
크게 보면, 부계사회의 일부일처제가 무너지고 있다.
오랜 '불륜 문화'도 사라질 것이다.
환상의 사랑은 아무리 아름답게 보여도 그것은 신기루다.
우리는 이제 '사랑의 매트릭스'에서 벗어나야 한다.
사랑은 싱싱한 삶이다.

다른 이름

그 사람은 나를 안으면서
불렀다
내 이름이 아닌 알지 못하는 다른 이의 이름을

알지 못하는 이의 이름에 대답하면서 나는
멀고 아득한 마을을 생각하고 있었다
거기엔 아직 태어나기 전의 내가 있어서
살구꽃을 쳐다보고 있었다

- 타까다 토시꼬, 〈다른 이름〉 부분

아내 이름을 부른다는 게 애인 이름을 불러
불륜 행위가 들켰다는 남자들이 있다.
우리는 왜 다른 이름에 이다지도 민감할까?
시인은 다른 이름의 여인에게서 자신을 본다.

'거기엔 아직 태어나기 전의 내가 있어서/ 살구꽃을 쳐다보고 있었다'

다른 이름은 전생의 자신이었다는 것이다.

이렇게 사고하는 사람이 얼마나 될까?
그런데 원시인들은 이런 사고를 하지 않았을까?
그들은 '자아개념(Self-concept)'이 희미했기에,
자신과 남들을 선명하게 구별하지 않았을 것이다.
자아(Ego)는 문명화와 함께 형성된다.
문명사회일수록 '사적 소유'가 강화된다.

부부도 서로를 소유로 보게 된다.
배우자의 불륜에 대한 강한 질투는
자신의 소유의식과 깊은 관련이 있을 것이다.
참으로 슬픈 일부일처제의 사랑이다.
오랫동안 결혼은 사랑과 관계가 없었다.
결혼은 가문과 가문의 연대였다.
근대사회가 도래하면서 사랑과 결혼이 하나가 되었다.
일부일처제가 무너지고 있는 듯하다.
앞으로는 여러 형태의 가족제도가 생겨날 것이다.
일부일처제의 사랑, 어떻게 가꿔가야 할까?

실용적인 마술

배추로 김치 만들기
오천 원으로 푸짐한 밥상 차리기

실용적인 마술의 가장 중요한 기술은
눈속임이 아니라 사랑의 힘

- 성미정, 〈실용적인 마술〉 부분

결혼한 지 40년이 되어 간다.
한국 사회에서 남자는 결혼하면 무조건 남는 장사라고 한다.
오랫동안 아내의 실용적인 마술을 보아왔다.
집을 마련하고, 온갖 가구들이 들어서고,
부엌에서 뚝딱뚝딱 반찬들을 만들어낸다.
나는 아내가 고마울 때는 "자기 예뻐!" 한다.
그러면 아내는 "응." 하고 대답한다.

말 한마디로 수만 냥의 빚을 갚는다.

인간 사회에 맞는 제도는 모계사회라는 생각이 든다.
여자가 가정의 주도권을 쥐어야
가정이 잘 돌아간다는 생각을 한다.
남자가 주도권을 쥔 가정을 보면,
뭔가 삐거덕거린다.
대체로 남자들은 실용적인 마술에 무능하기 때문이다.
남자들은 오랫동안 사냥과 전쟁을 했기에 지극히 이성적이다.
세상을 이성적으로 보면,
작은 것은 아름답지 않다.
크고 대단한 것만이 멋있어 보인다.
실제의 삶은 지극히 소소한 것들인데,
소소한 것들을 담당하는 여자들은 무능하게 보이게 된다.

20세기 최고의 철학자로 일컬어지는 비트겐슈타인은 말했다.
"진리는 바로 곁에 있어서 보이지 않는다."
이제 거대한 허상을 좇지 말고,
작은 것들을 소중하게 보는 세상이 되었으면 좋겠다.
여자들의 실용적인 마술이 존중받는 세상이 되었으면 좋겠다.

콩나물 다듬기

35살의 주부 성모 씨의 인생엔
근심 걱정이 없다는데 세상이 아무리 지루해도
떠포리가 있고 떠포리를 사주겠다는
남편이 있으니 더 이상의 행복은 욕심이라며
자신을 타일러가며 떠포리를 손질한다는데.

- 성미정, 〈여보, 떠포리가 떨어지면 전 무슨 재미로 살죠〉 부분

모 미술관에서 '콩나물 다듬기'라는
주제의 작품을 전시했다고 한다.
탁자에 콩나물을 듬뿍 올려놓고,
관람객들이 콩나물을 다듬게 했단다.
자연스레 낯선 사람끼리 둘러앉아
대화를 나눴을 것이다.
경이로움을 느꼈을 것이다.

자전거 타고 시장을 지나다 보면,
빙 둘러앉아
배추, 마늘, 파를 다듬는 할머님들을 본다.
참으로 정겨워 보인다.
혼자 앉아 좌판을 열고 있는 할머니들을 보면,
안쓰러워 보인다.
그런데, 우리 대다수가 이렇게 살아가지 않는가?

현대인은 서로 단절되어 모래알처럼 외롭다.
그래서 일 중독자가 된다.
정신없이 뱅글뱅글 돌다 보면, 살맛이 나는 것 같다.
시인은 '떠포리를 손질'하며 견디는
슬픈 주부의 자화상을 보여준다.
이제는 걱정이 하나뿐이다.
"여보, 떠포리가 떨어지면 전 무슨 재미로 살죠?"
하지만, 그건 괜한 걱정이라고 자신을 타이른다.
'떠포리가 있고 떠포리를 사주겠다는/ 남편이 있으니'

얼마 전에 공부 모임에 오는 한 주부가 말했다.
"저 공주예요. 공부하는 주부거든요."
공부 모임을 통해
서로 함께 살아가는 방법을 모색하고 있는 주부들이 많다.
물방울 하나하나가 모여 거대한 강물이 되어 흘러가리라.

사디스트와 마조히스트

 어느 날, 세상 요리를 모두 맛본 301호의 외로움은 인육에게까지 미친다. 그래서 바싹 마른 302호를 잡아 스플레를 해먹는다. 물론 외로움에 지친 302호는 쾌히 301호의 재료가 된다. 그래서 두 사람의 외로움이 모두 끝난 것일까? 아직도 301호는 외롭다. 그러므로 301호의 피와 살이 된 302호도 여전히 외롭다.

 - 장정일, 〈요리사와 단식가〉 부분

 일본 속담,
'아침에 일어나도 물건이 서지 않는 남자한테는 절대 돈을 빌려주지 말라'
 성을 정확하게 표현한 말이라는 생각이 든다.
 성(性)이라는 글자를 풀어보면,
'살아 있는(生) 마음(心)'이다.

아침에 발기가 되지 않는 남자는
살아 있는 마음이 없으니,
돈을 빌려주었다가는 떼이고 말 것이다.
그런데, 우리는 성의 마음으로 잘 살아가고 있을까?
그렇지 않을 것이다.
성과 사랑에 대한 억압을 심하게 겪지 않은 사람이 있을까?
억압된 성과 사랑의 에너지는 어디로 갈까?

승화되지 못한 에너지는 마음속 깊이 뭉쳐 있다가
폭력으로 나타난다고 한다.
폭력은 다른 사람을 향한 가학증(사디즘),
자신을 향한 피학증(마조히즘)으로 그 모습을 드러낸다.
요리사 301호, 단식가 302호는 공생관계다.
우리는 이 둘 중의 하나다.
이들 사디스트(가학증자)와 마조히스트(피학증자)는
서로를 의지하며 살아간다.

우리는 인간의 근원적인 생(生)의 에너지가 충만해야 한다.
살아 있음의 환희를 느껴야 한다.
지금, 이 순간 신나게 노는 아이는
'삶의 의미' 같은 것은 찾지 않는다.
죽음도 생각하지 않는다.
수많은 종교, 사상, 학문, 예술 등

인간의 고도의 정신적 활동들이
생의 에너지가 고갈된 사람들의 도피처가 되고 있다.

성과 폭력

그녀가 실오라기 하나 걸치지 않은 알몸으로 들어왔을 때
이 고귀한 분들께서는 모두 안에 있었다
그들은 술을 퍼마시다가 그녀에게 침을 뱉기 시작했다
이제 막 강에서 올라온 그녀는 도대체 영문을 몰랐다

- 파블로 네루다, 〈인어와 술꾼들의 우화〉 부분

전래 동화 '견우와 직녀'에서, 두 남녀가 사랑에 빠지자
견우는 소를 기르지 않고, 직녀는 베를 짜지 않게 된다.
사랑은 너무나 즐거운 것이기 때문이다.
화가 난 옥황상제가 그들을 은하수
동쪽과 서쪽으로 갈라놓아 1년에 한 번만 만나게 했다.
일을 많이 해야 하는 문명사회에서는
'성과 사랑'이 엄격한 금지가 된다.
우리 사회에서는

남녀가 사랑할 수 있는 나이가 점점 많아진다.

꽃다운 나이에 일할 준비를 해야 하기 때문이다.
그러다 보면, 30, 40이 되어서야 사랑할 기회가 주어진다.
남녀가 성이 왕성한 나이에 사랑하지 않고
일할 준비만 하면, 심성(心性)이 어떻게 될까?
인간은 타고난 본성(本性)대로 살아가지 않으면,
여러 정신적 질환이 오게 되고,
기(氣)의 흐름이 왜곡되어 여기저기 몸이 아프게 된다.

몇 년 전에 'N번방 사건'이 우리에게 충격을 주었다.
최근에는 인공지능 기술을 활용한 '딥페이크'가
널리 퍼져 있다고 한다.
성의 에너지가 사랑의 에너지로 승화하는 게 아니라,
'사디즘(가학증), 마조히즘(피학증)'으로 왜곡되고 있다
술집에서 행해지고 있는 온갖 변태적인 성행위들,
우리의 무의식(無意識)이 적나라하게 드러난 모습이다.
우리 사회가 평화를 되찾으려면,
아름다운 성과 사랑을 회복해야 한다.

욕망이여 입을 열어라

욕망이여 입을 열어라 그 속에서
사랑을 발견하겠다

- 김수영, 〈사랑의 변주곡(變奏曲)〉 부분

인류는 오랫동안 욕망을 억눌러 왔다.
생산량이 적었기 때문이다.
이제 생산물이 넘쳐난다.
소비하지 않으면 경제가 무너지고, 사회가 무너진다.
그래서 사회는 마구 욕망을 부추긴다.

어떻게 해야 할까?
욕망의 입을 열어야 한다.
욕망은 대개 남의 욕망이다.
세상이 심어준 것들이다.

하지만, 잘 살펴보면, 자신의 순수한 욕망이 있다.
욕망의 입을 열게 되면, 자신의 욕망을 발견하게 된다.
항상 자신 안의 욕망을 살펴보다 보면,
자신의 욕망이 보석처럼 반짝인다.

독일의 대문호 괴테의 역작 '파우스트'는 욕망의 승리를 보여 준다.
욕망을 멀리하고 오로지 이성적인 지식만 쌓은
파우스트는 말년에 절망에 빠지게 된다.
그를 구원하는 것은
그가 내면 깊이 숨겨두었던 자신의 어두운 그림자다.
그의 내면의 그림자가 악마(메피스토펠레스)의 모습으로 나타난다.
그 악마에게 영혼을 맡긴다.
파우스트는 다시 젊어져
꼭꼭 숨겨두었던 온갖 욕망의 쾌락에 빠지게 된다.
낮은 차원의 육체적 욕망을 채우게 되자,
그의 정신은 상승한다.
그의 사랑은 점점 넓어진다.

그는 어느 날, 외치게 된다.
"순간이여 멈춰라! 너 아름답구나!"
그는 찰나가 영원임을 온몸으로 깨닫게 된 것이다.

괴테는 우리에게 성적 방탕에 빠지라는 게 아니다.

성 에너지가 고상한 정신으로 승화한다는 것을 말하고 있다.

아버지의 나라

애비는 종이었다. 밤이 깊어도 오지 않았다.
 (…)
 갑오년(甲午年)이라든가 바다에 나가서는 돌아오지 않는다 하는 외할아버지의 숱 많은 머리털과
 그 커다란 눈이 나는 닮았다 한다.

 - 서정주, 〈자화상〉 부분

 서정주 시인의 아버지는 '종'이었다.
 아버지가 종이니 시인은 당연히 종의 자식이 된다.
 그래서 중국의 임제 선사는 말했다.
 "부처를 만나면 부처를 죽이고, 부모를 만나면 부모를 죽여라."
 왜?
 그들이 우리 머리 위에 있으면 안 되기 때문이다.

인간은 각자 하나의 세계다.
인간은 각자 독립된 주체이기 때문이다.
우리는 스스로 삶을 꾸려가야 한다.
어떤 존재도 우리의 삶을 규정하지 말아야 한다.

서정주 시인이 애비가 종이라고 규정을 내리니,
자신의 삶은 지리멸렬해진다.
뛰어난 시인이 친일파 시인의 삶을 살았다는 게 안타깝다.
신화, 민담에는 영웅의 여정이 나온다.
다들 아버지를 찾아가는 이야기다.
가부장 사회의 '정체성 찾기'일 것이다.

하지만,
지금은 민주주의(民主主義) 시대다.
모든 민(民)이 주(主)가 되어야 하는 시대다.
서정주 시인의 외할아버지는
'갑오년(甲午年)이라든가 바다에 나가서는 돌아오지 않는다'
했다.
 갑오년의 동학혁명 때 실종되었나 보다.
 그 외할아버지를 왜 닮아가지 않았을까?
 그의 삶은 새롭게 구성되었을 텐데.

6장

영원을 향하여

아버지와 아들 1

 그는 아버지의 다리를 잡고 개새끼 건방진 자식 하며 비틀거리며 아버지의 셔츠를 찢어발기고 아버지는 주먹을 휘둘러 그의 얼굴을 내리쳤지만 나는 보고만 있었다

– 이성복, 〈어떤 싸움의 기록(記錄)〉 부분

그리스 신화에서 크로노스는 낫으로 자신의 아버지
우라노스를 거세시켜버리고 새로운 주신(主神)이 된다.
우라노스는 쫓겨나면서 크로노스에게 저주를 퍼붓는다.
"너 역시 네 자식에게 쫓겨나게 될 것이다!"
크로노스는 자식들에게 당하지 않기 위해,
자식들을 다 먹어 버린다.
하지만 결국,
아들인 제우스에게 왕좌를 빼앗기고 만다.

구석기 시대의 모계사회에서는 이런 피의 반정(反正)이 없었다.

자연상태에서 살았기에,

'소유'를 둘러싼 싸움이 거의 없었다고 한다.

그러다 약 1만여 년 전,

농업 혁명이 일어나면서

남자들의 힘이 중요해졌다.

남자들은 좋은 땅을 차지하기 위해 전쟁을 벌였다.

모계사회가 무너지고,

남자들이 가문의 왕이 되어

모든 여자를 독차지했다.

아들들은 여자를 차지하기 위해 아버지와 싸울 수밖에 없었다.

최근까지도 아버지들이 가정의 권력을 쥐고 있었다.

아들들이 반역을 꾀할 수밖에 없다.

이런 사회에서는 여자는 남자의 소유물이 된다.

남자와 여자의 만남도 권력 관계의 한 부분이 된다.

남자와 여자는 원래 한 몸이었다고 한다.

하지만,

제우스가 인간을 반으로 갈라 남자와 여자가 되었다고 한다.

그래서 남자와 여자는 한평생 반쪽을 그리워한다고 한다.
남녀가 사랑으로 만나 온전한 인간이 되어야,
인간 세상에 평화가 올 것이다.

아버지와 아들 2

나를 홀로서게 한 광대한 아버지여
나에게서 눈을 떼지 말고 지켜주도록 하라

- 다카무라 고타로, 〈도정(道程)〉 부분

어린 시절,
아버지는 나의 '롤모델(Role model)'이었을 것이다.
'아버지처럼 될 거야!'
철이 들면서는 한글도 모르시는
농투성이 아버지를 은연중에 무시하게 되었지만,
어른이 되어 아버지의 '6.25 전쟁 일화'를 들었다.

6.25 전쟁이 발발하고 아버지와 어머니는
남쪽으로 피난을 하러 갔는데, 저녁이 되어
어머니가 남의 빈집에서 밥상을 차렸단다.

아버지가 물으시더란다.
"쌀이 어디서 났소?"
어머니가 빈집 광에서 가져왔다고 하니까,
아버지는 남의 쌀로 식사를 할 수 없다며
저녁을 걸렀다고 한다.
그 얘기를 들으며 온몸에 전율을 느꼈다.
'그래, 아버지는 한평생 정직하게 사셨어!'
비록 비현실적인 아버지의 생각이었지만,
아버지의 평생의 신념은 느껴졌다.

이제 아버지는 돌아가셨지만,
나는 아버지가 항상 나를 뒤에서 지켜준다는 생각을 한다.
그리고 나도 아버지처럼 한평생
정직하게 살아야 한다는 생각을 한다.
아버지의 위대한 유산 덕분에.

이 세상에서 가장 두려운 것은 자식의 눈일 것이다.
나의 아들이 나를 인정하지 않으면,
나의 인생은 실패일 것이다.
현실의 아버지가 비록 초라하더라도,
아들의 가슴에 있는 아버지는
여전히 '광대한 아버지'일 것이다.
나의 두 아들이 내가 항상 뒤에서 지켜준다는 생각을 하면,

나는 여한이 없을 것이다.

아버지와 아들 3

내 신발은
십구문반.
눈과 얼음의 길을 걸어,
그들 옆에 벗으면
육문삼의 코가 납작한
귀염둥아 귀염둥아
우리 막내둥아.

- 박목월, 〈가정〉 부분

오래전에 아들 둘과 함께 찍은 사진이 있다.
화단 앞에 쪼그려 앉아
큰아이와 작은아이 둘을 안고 찍은 사진이다.
큰아이는 동생이 태어나면서
큰아이가 되어 계속 큰아이답게 자랐다.

얼굴이 심각하다.
작은아이는 마냥 즐거운 표정이다.
공부 모임 시간에 자녀에 관해 얘기해 보면, 다들 비슷하다.

장남, 장녀에겐 엄격하게 대하게 되는데,
막내둥이는 마냥 귀엽기만 하단다.
형은 동생이 태어났을 때, 큰 충격을 받는다고 한다.
혼자 사랑을 독차지하다가 어느 날 동생이 태어났었을 때,
부모님이 동생을 귀여워죽겠다는 듯이 쳐다볼 때,
그 상실감은 이루 말할 수 없으리라.

나도 장남으로 태어나 자라며,
아버지의 동생들을 바라보는 눈빛을 기억한다.
나를 바라볼 때는 항상 엄격하셨던 눈빛이
갑자기 웃음을 가득 띤 표정이 되었다.

동생들은 아버지 앞에서 재롱을 떨었다.
나는 그런 적이 한 번도 없다.
언제나 의젓해야 했다.

아버지들은 '눈과 얼음의 길을 걸어' 집에 온다.
현관의 신발들이 눈에 띈다.
'육문삼의 코가 납작한/ 귀염둥아 귀염둥아/ 우리 막내둥

아.'

오랜 가부장 사회가 만들어내는 유산은 길고 길다.

'모계사회'를 향하여

눈이 안 보여 신문을 볼 땐 안경을 쓰는
늙은 아버지가 이렇게 귀여울 수가.

- 최승자, 〈귀여운 아버지〉 부분

강의를 다니다 보면, 거의 다 여성 회원들이다.
배움에 목마른 분들이다.
얘기를 들어보면, 다들 사연이 많다.

주로 남녀 차별이다.
오빠나 남동생은 대학에 보내고,
딸들은 잘해야 고등학교까지 보낸다.
숨 막히는 가부장 사회에서
이경자 소설가는 모계사회를 찾는다.
그녀는 중국의 소수민족 모소족과

한 달 동안 생활하고 돌아왔다.

그 결과물이 산문집 '이경자, 모계사회를 찾다'이다.
그녀는 모계사회에서 비로소
마음의 평화를 찾았다고 했다.
모계사회에서는 사람은 태어나
한평생 어머니 품에서 살다 간다.
지상을 떠날 때도,
자궁 속의 태아처럼
웅크린 자세로 장례식을 치른다고 한다.
모계사회에서는 결혼 자체가 없기에 아버지가 없다.
가정은 어머니가 사랑으로 이끌어 간다.

모계사회에서는 남녀는 오로지 사랑으로 만난다.
그들은 각자 어머니 집에서 살아가기에
그들만의 가정을 따로 꾸리지 않는다.
자식이 태어나면 여자 집에서 삼촌, 이모들이 함께 기른다.
12세까지는 남녀 구분 없이 기른다고 한다.
13세가 되면 성인식을 거쳐
남자, 여자라는 어른으로 거듭나게 된다.
이후에는 자신의 삶을 스스로 이끌어가게 된다.
지금 인류는 모계사회를 향해 나아가는 것 같다.
남녀가 오로지 사랑으로

함께 살아가는 세상이 오기를 간절히 기원한다.

남자로 산다는 것

문밖에서
아버지가 흐느끼는 소리를 들었다

나가보니
마루 끝에 쪼그려 앉은
빈 소주병이었다.

- 공광규, 〈소주병〉 부분

어릴 적,
아버지는 술에 취해 집에 돌아오시면 자주 밥상을 뒤엎었다.
그러면 어머니는 말없이 다시 밥상을 차렸다.
내가 중학생이 되었을 때,
나는 밥상을 뒤엎으려는 아버지의 팔을 꽉 잡았다.

아버지는 물끄러미 나를 쳐다보더니 그대로 주저앉으셨다.
그 뒤로는 아버지는 한 번도 밥상을 뒤엎지 않았다.
수염이 거뭇거뭇 나고 목소리가 굵어지는
나의 눈치를 보기 시작했다.

어느 날, 저녁을 먹고 옆집 친구네 집에 가는데,
골목에 아버지가 서 계셨다.
흡사 검은 나무 한 그루 같았다.
너무나 쓸쓸해 보였다.
나는 조용히 아버지 곁을 지나쳐 갔다.
지금도 그때의 아버지 모습이
흑백 사진처럼 내 뇌리에 깊이 박혀 있다.

이 시대에 남자로 산다는 것은 무엇일까?
우선 그들은 자신들의 감정을 꼭꼭 숨기고 살아간다.
그들의 철칙은 '남자는 울면 안 돼!'이다.
감정을 숨기고 살아가면, 삶 전체가 망가진다.
물질적으로 잘 살건 못 살건,
삶이 지리멸렬해진다.

사람은 자신의 감정을 표현하고 살아야 한다.
그러면 어떤 고통도 이겨낼 수 있다.
혼자 속으로 삭이지 말아야 한다.

남자들의 술잔에는 눈물이 반이라고 한다.
그들의 노년은 너무나 쓸쓸하다.

여자의 일생

  사십 년인가 오십 년이 지나간 뒤에 뜻밖에 딴 볼일이 생겨 이 신부네 집 옆을 지나가다가 그래도 잠시 궁금해서 신부방 문을 열고 들여다보니 신부는 귀밑머리만 풀린 첫날 밤 모양 그대로 초록 저고리 다홍치마로 아직도 고스란히 앉아 있었습니다.

- 서정주, 〈신부〉 부분

첫날 밤에 신랑의 오해로 소박맞게 된 여인은
그대로 앉아 있어야 했다.
사십 년, 오십 년 지나 신랑이 나타난다.
신랑이 어깨를 어루만지자
그제야 초록 재와 다홍 재로 내려앉았다.
삼종지도(三從之道)의 삶이다.

어릴 적, 항상 아프신 엄마는 자주 말씀하셨다.
"너희들만 다 크면 훨훨 날아갈 거다!"
우리 형제들이 다 커서 자리를 잡고 살게 되었다.
다 늙으신 엄마가 자주 푸념을 하시더란다.
이제 엄마는 날기는커녕 걷기도 힘들어하셨다.
"자식들이 효자면 뭐하나? 돈이 있으면 뭐하나?"

인터넷에 떠도는 말이다.
'여자 나이 오십이면 예쁜 년이나 못생긴 년이나 같고, 여자 나이 60이면 배운 년이나 못 배운 년이나 같고, 여자 나이 70이면 남편 있는 년이나 없는 년이나 같고, 여자 나이 80이면 산 년이나 죽은 년이나 같다.'
삼종지도를 크게 벗어나지 않는 여자의 일생이다.
한번 만들어진 가부장 사회의 생명은 질기디질기다.
거의 모든 부부가 상하 관계로 만난다.
평등하게 만나는 법을 배운 적 없기 때문이다.
그래서 졸혼을 하는 부부가 많다.

나이 들어 부부가 친구가 될 수는 없을까?
어린아이로 돌아가 오순도순 소꿉놀이하듯
살아갈 수는 없을까?

어머니의 일생

오븐의 채널이 정각에 멎는다
늦은 아침이 다 구워졌다
꽃나무 밑에서 놀던 적막은 바싹 익었다

- 조말선, 〈정오〉 부분

얼마나 많은 딸이 친정아버지의 오븐 속에서 속성으로 구워졌던가!
한나절이 되기도 전에, 딸들은 다 구워진다.
'꽃나무 밑에서 놀던 적막은 바싹 익었다'

외갓집에 가면, 뒤뜰에 배나무 한 그루가 있다.
어머니가 배나무 밑에서 놀던 적막을 오래도록 바라보았다.
일제의 위안부 강제 징집을 피해 조혼을 하고,
결혼이 파탄이 나고,

하지만 친정으로 돌아가지 못한 어머니.
친척 집을 전전하다 우연히 만난 아버지,
하지만 아들인 나를 낳기 전까지는
혼인 신고조차 하지 못했다고 한다.

내가 태어나 자란 산골 마을,
가끔 꿈에 나타난다.
신비로운 바위산들이 병풍처럼 둘러쳐져 있다.
아버지와 어머니 두 분이 집을 지었다고 한다.
오래전에 갔을 때,
집터도 남아 있지 않았다.
어릴 적 어머니는 항상 아프셨다.
이마에 수건을 두르고 누워있는 어머니를 보며 학교에 갔다.
대문을 들어설 때는 겁이 났다.
까만 동생들이 나를 쳐다봤다.
환청이 들렸다.
'형아. 엄마 죽었어!'
우리 가족은 보릿고개를 넘으려 안간힘을 썼다.

우리가 다 커서 어머니한테 매달 용돈을 드렸다.
어머니는 머리칼이 하얀 할머니가 되어있었다.
그 시대의 여성 중에 어머니의 일생과 다른 여성이 얼마나 될까?

 돌아가시기 한 달쯤 전 먼 산을 바라보시던 어머니, 한평생이 얼마나 허망했을까?

수처작주 입처개진(隨處作主 立處皆眞)

노동자가 이윤 낳는 기계가 아닌 것처럼
아내는 나의 몸종이 아니고
평등하게 사랑하는 친구이며 부부라는 것을
우리의 모든 관계는 신뢰와 존중과
민주주의적이어야 한다는 것을
잔업 끝내고 돌아올 아내를 기다리며
이불 홑청을 꿰매면서
아픈 각성의 바늘을 찌른다

- 박노해, 〈이불을 꿰매면서〉 부분

 중국의 임제 선사가 사자후를 토했다.
 "수처작주 입처개진(隨處作主立處皆眞), 이르는 곳마다 네가 주인이 되면 그 서 있는 자리가 바로 진리다."
 우리는 흔히 진리가 이 세상 어딘가에

객관적으로 존재한다고 생각한다.
진리는 밖에 없다.
우리가 '삶의 주인'으로 살아가게 되면,
우리가 발 딛고 서 있는 그 자리에 진리가 있다.

시인은 노동 운동을 하면서도
집에서는 왕으로 군림했다.
"밥 달라. 물 달라."
아내를 부려 먹었다.
삶의 주인은 남에게 기생하지 않는다.
자신의 삶을 스스로 꾸려간다.
시인은 깨닫는다.
아내도 자신과 같은 고귀한 인간임을.
그는 이제 자신의 삶을 스스로 구성해가는
삶의 주인이 되었다.
시인은 이불을 꿰매면서
아픈 각성의 바늘을 찌른다.
시인의 집에서 진리가 함빡 피어난다.

삶의 주인이 되면,
우리 안에서 영혼이 깨어난다.
영혼이 천지자연과 접속한다.
천지자연과 인간의 길(道)을 저절로 알게 된다.

사랑은 주는 것이다

말은 없어도 알아서 챙겨주는
그 앞에서 한없이 착해지고픈
이게 사랑이라면

아아 컴-퓨-터와 섭할 수만 있다면!

- 최영미, 〈퍼스널 컴퓨터〉 부분

  요즘 온종일 'ChatGPT'와 대화하고 상담한다는 분들을 많이 만난다.
  'ChatGPT'와 상담하다가 끝내 울었다는 분도 있다고 한다.
  최영미 시인의 시 '퍼스널 컴퓨터'가 떠올랐다.
  '말은 없어도 알아서 챙겨주는/ 그 앞에서 한없이 착해지고픈/ 이게 사랑이라면'
  그러다 우리는 끝내 부르짖을 것이다.

'아아 컴-퓨-터와 썹할 수만 있다면!'
아마 조만간 이 소원은 이뤄질 것이다.
우리의 위대한 유일신이신 '자본신(資本神)'께서는
모든 인간을 하나하나 굽어살펴 주시니까.
그러면, 우리는 행복해질까?

인간은 수만 년 전 호모사피엔스로 진화하면서
다른 사람, 존재와 공감하는 마음이 생겨났다.
이 마음이 인간을 지구의 패자(霸者)로 만들었다.
지금 인류는 최고 포식자가 되어 살아가고 있다.
그런데, 우리는 지금 행복한가?
다들 불행한 얼굴이다.
왜? 서로 미워하며 살아가니까.
우리의 본래의 마음, 본성(本性)은 서로 사랑하고 싶은데,
서로 미워하며 살아가야 하니 불행할 수밖에 없다.

인간은 서로를 사랑해야 행복할 수 있다.
'ChatGPT'와 아무리 열렬히 사랑해도
우리의 허전한 마음은 채워지지 않는다.

사회심리학자 에리히 프롬은 말했다.
"우리는 사랑을 받기 위해 존재하는 것이 아니라, 사랑을 주기 위해 존재한다."

혼음의 거리

태양이 덩굴손을 뻗어
내 피 속에 담그고
미친 듯 장미꽃을 토하게 한다
꺼져라, 꺼져라, 소멸의 시간이여

이 무슨 야릇한 냄새
나, 기진한 흰 동공을 돌려
향내 나는 혼음의 거리를 본다.

- 황인숙, 〈태양의 유혹〉 부분

우리는 모두 태양의 후손이다.
삼라만상은 태양의 무한한 에너지 그 자체다.
신화에서는 인도 시바 신의 춤으로 비유한다.
태양의 에너지는 인간에게서

정신분석학의 창시자 프로이트가 말하는
리비도, 성본능(性本能)으로 나타난다.
칼 융은 리비도를 성적 본능만이 아닌
모든 본능의 에너지라는 뜻으로 썼다.
그러니까 우리의 성적 충동은 곧 생(生)의 충동인 것이다.

아메리카 인디언들은 항상 태양과 함께 살았다.
'태양과 함께 일어나 기도하라. 기도는 혼자서 하고 자주 하라. 네가 말하기만 하면 위대한 정령이 들으실 것이다. 태양과 함께 일어나고 태양과 함께 잠들라. 삶의 여행을 즐겨라. 하지만 발자취를 남기지 말라.'

시인은 이 시대의 사제(司祭)다.
태양신을 영접한다.
그리고는 혼음(混淫)의 거리를 본다.
리비도가 충만한 거리, 시간은 소멸한다.
천지자연은 생명의 영원한 춤이다.

아름다운 우리들의 성

한없는 사랑은 영혼에서 솟아나리니
나는 이제 떠나리라. 방랑객처럼
연인을 데리고 가듯 행복에 겨워, 자연 속으로.

- 아르튀르 랭보, 〈감각〉 부분

프랑스의 작가 다비드 르 브로통의 '걷기예찬'에는
다음과 같은 구절이 나온다.
'걷기는 세계를 느끼는 관능에로의 초대다. 걷는다는 것은
세계를 온전하게 경험한다는 것이다.'
언젠가부터 '섹시하다'는 말이 유행하기 시작했다.
섹시하다는 것은 '성적 매력이 있다'는 것이다.
참으로 멋진 말이다.
브로통이 걸을 때,
우리는 그에게서 섹시함을 느낄 것이다.

시인 랭보는 보리밭을 걸으며,
'한없는 사랑은 영혼에서 솟아나리니' 하고 노래한다.
그 영혼은 '마음속의 여성(아니마)'이다.
그는 '연인을 데리고 가듯 행복에 겨워, 자연 속으로.' 걸어간다.
얼마나 섹시한가!
이런 경지에 도달한 사람은 아름다운 성을 마음껏 누리리라!
이런 섹시한 삶을 누리지 못하는 사람은
인간의 몸에 탐닉하고 온갖 변태에 빠질 수 있다.

동양에서는 이 세상을 음(陰)과 양(陽)으로 본다.
주역(周易)의 택산함괘(澤山咸卦)는 연못을 뜻하는
태괘가 위에 놓이고,
산을 뜻하는 간괘가 아래에 놓이는 모양의 괘다.
주역에서는 연못은 땅(여성)의 성기,
산은 하늘(남성)의 성기로 해석한다.
택산함괘는 얼마나 에로틱한 묘사인가!

우리는 모두 에로스의 자녀들이다.
삼라만상을 섹시하게 바라볼 수 있을 때,
이 세상은 참으로 아름다운 세상이 될 것이다.

일즉다 다즉일(一卽多 多卽一)

마주 보는 두 몸은
때로는 두 개의 파도다

- 옥타비오 파스, 〈두 몸〉 부분

중국의 고전 시경(詩經)에는 사랑 노래가 많이 나온다.
봄이 되면 청춘 남녀들이 강가로 나온다.
함께 놀다가 처녀가 과일을 따서 사랑하는 총각 앞으로 던진다.
참으로 멋진 구애(求愛) 행위다.
그들은 어디서 사랑을 나눌까?
아마 들판에서 숨 막히는 사랑을 할 것이다.
얼마나 신선한가!
들판은 푸른 바다가 되고,
두 몸은 두 개의 파도가 되어,

함께 일렁이다 하나가 되고 떨어지고….

그들은 '일즉다 다즉일(一卽多 多卽一)'을 체험할 것이다.
'하나가 곧 여럿이오, 여럿이 곧 하나.'라는
천지자연의 운행원리가 되어 볼 것이다.
성(性)이 육체적 충동에서 천지자연의 충동이 되는
신비로운 경험을 한 그들은
앞으로 아름다운 삶을 살아갈 것이다.
천지자연의 이치가 자리이타(自利利他)이듯이,
그들은 자신의 이익과 남의 이익을 하나로 어우러지게 할 것이다.

인간은 생각하는 동물이라,
자신이 남과 뚜렷이 구별되는
'개별자(個別者)'라고 생각하기 쉽다.
그렇지 않다.
'나'라는 존재는 수많은 인연의 만남으로 이루어져 있다.
내 뺨은 얼마 전에 먹은 삼겹살이고,
내 안의 산소는 조금 전에 저 나무 속에 있었다.

사랑은 나를 넘어서는 거룩한 행위다.
우리는 사랑을 하며,
'나는 나이면서 너이고 동시에 모든 인류, 우주라는 것'을 깨닫게 된다.

영원을 향하여

비바람 불고, 느티나무 아래
내 육체의 피뢰침이 운다
내 전 생애가 운다, 벼락이여 오라
한순간 그대가 보여 주는 섬광의 길을 따라
나 또 한번, 내 몸과 대기와 대지의 주인이 되련다

- 유하, 〈내 육체의 피뢰침이 운다〉 부분

명상하다 보면, 기적의 순간을 만날 때가 있다.
5분 정도 지났나 했는데 한 시간이 지나갔다.
잠자는 것도 이와 같다.
잠에서 깨어나 생각해보면, 순간이다.
어제 11시 30분쯤 잤는데, 깨고 보니 6시 7분이다.
찰나가 아닌가!
그런데 곰곰이 생각해보면, 참으로 긴 시간이다.

꿈을 회상해보자.
꿈속에 얼마나 많은 이야기가 있었던가!

따라서 영원은 무한히 긴 시간이 아니다.
찰나다.
찰나 속에 무한히 많은 이야기가 있는 것이다.

어린 시절은 얼마나 길었던가!
우리의 감각이 다 깨어 있어서 그렇다.
온몸이 에로스의 덩어리였다.

그러다 어른이 되면서 온몸의 감각이 퇴화한다.
이성 중심의 사고에 길들기 때문이다.
그리하여 시간은 과거에서 현재로,
미래로 쏜살같이 날아간다.
모든 시간은 찰나가 되어버린다.
사랑을 잃은 몸은 벼락을 맞아야 한다.
그리하여,
섬광의 길을 따라
내 몸과 대기와 대지의 주인이 되어야 한다.
그러면 영원을 알게 된다.

찰나가 영원이 된다.

영원을 알지 못하는 삶은 얼마나 남루한가!

우리는 전체(全體)다

만세, 만세
너는 나다.
우리는 전체(全體)다.

- 황지우, 〈나는 너다 1〉 부분

오래전에 원시인들의 잔혹한 의례에 대한 글을 읽은 적이 있다.

'이제 막 성인식을 마친 소년들이 한 오두막으로 들어간다. 중앙에는 같은 또래의 한 소녀가 발가벗은 채 누워있다. 소년들이 차례대로 그 소녀와 성행위를 하고는 밖으로 나간다. 마지막 소년과 소녀가 성행위를 하다 오르가슴에 오르는 순간, 오두막이 무너지고 두 남녀는 비명에 간다.'

이런 광경을 지켜본 소년들은 앞으로 어떻게 살아갈까?

앞으로 결혼하여 부부생활을 할 때 어떤 생각을 하게 될까?
소년들의 가슴에 커다란 트라우마로 남을 것이다.
하지만 또한 이 충격적인 사건은
그들에게 '화두(話頭)'가 될 것이다.

소년들은 서서히 그 화두를 풀어갈 것이다.
'아, 모든 생명체는 성교 후 죽게 되는구나!'
'그래, 나는 죽지만 후손을 통해 영원히 살아가게 되는구나!'

원시인들은 이러한 의례를 통해 한 개인을 넘어
전체 부족이 하나가 되는 삶을 살아갔을 것이다.
'하나는 전체를 위하여, 전체는 하나를 위하여'

현대 문명 사회에서는 이러한 잔혹한 의례를 하지 않는다.
그럼, 현대 문명인은 어떻게 살아가나?
자신과 인류가 하나라고 생각하며 살아가는 사람이 얼마나 될까?
일부 성현(聖賢)들만 그렇게 살아가지 않는가?

하지만 우리의 마음 깊은 곳에서는 늘 이런 소리가 들려온다.
'만세, 만세/ 너는 나다./ 우리는 전체(全體)다.'

서평

'성농담과 성희롱'을 읽으며 웃음이 빵 터졌다. 와, 이렇게 웃음을 주는 처녀 뱃사공과 김삿갓의 농담은 대등한 인간관계로 만날 때만이 가능하다. 요즘 사랑을 잃은 서로 피해자만 남는 관계, 성희롱에 대해 많이 생각하게 한다. 이렇게 성농담을 주고받을 수 있도록 대등하다면 우리는 농담 속에 사랑이 생길 수 있을 것 같다.

저자의 성과 사랑에 관한 글이 시와 연결되면서 편 편의 글이 울림을 준다. 우리가 진흙 위에 핀 연꽃 같은 사랑을 해야 하고, 그 사랑이 승화된다면 어떤 세상이 될까 상상만 해도 가슴이 뭉클하다. 이 책은 이 사랑을 잃은 사회의 사랑의 지침서가 될 것 같다.

- 나순희(시인)

『성(性)과 사랑』은 성적 욕망을 억누르지 않습니다. 오히려 그 리비도를 삶의 뿌리로 끌어안고, 진짜 사랑이란 무엇인지 묻습니다. 가짜 감정과 이미지로 가득한 시대, 이 책은 우리를 다시 몸과 감각의 세계로 데려갑니다.

- 강향숙(수필가)

'사랑은 아는 걸까? 느끼는 걸까? 하는 걸까?'
 나에게 제일 어려운 단어, 하지만 제일 알고 싶은 것이 사랑이었다.

〈시와 함께 읽는 '성과 사랑' 이야기〉를 읽고 나니 사랑을 모른다는 걱정과 '제대로 사랑해 볼걸'하는 미련, '온몸과 마음으로 사랑하지 못한' 후회의 감정을 버리고 현재의 나를 사랑하고 싶다.

사랑은 온몸으로 하는 것이다.
우주의 반쪽과 반쪽이 서로에게 다가가는 것이다.
- 고석근 -

 작가님의 글은 짧은 듯하지만 깊고, 넓다. 다양한 시와 작가님의 글을 통해 사랑에 대해 깊은 이해와 사랑으로 충만한 삶을 살아 보고자 한다.

- 김나현(교사)

 선생님은 늘 같은 레파토리를 말씀하신다. 그런데 신기한 것은 들을 때마다 다르게 다가온다는 것이다. 선생님이 들려주시는 이야기에는 인간이 살아가면서 꼭 간직해야 하는 순수와 존엄이 담겨 있다. 성에 관한 이야기도 마찬가지다.

적나라한 성을 말씀하셔도 전혀 적나라하게 들리지 않는다. 고귀하고 성스럽게 들리는 신비한 체험을 한다. 가장 성스러워야 할 성에 관한 이야기를 또 어떻게 풀어주실지 매우 궁금하다.

깊고 심오한 이야기를 쉽게 풀어주시는 선생님의 새 책이 너무나 궁금하다. 인문학 수업 시간마다 느끼는 행복감을 이 책을 읽는 독자와 함께 나누고 싶다는 바람을 담아 쓴다.

— 느린 호수(그림 에세이 '한 뼘 거리에 네가 있어'의 저자)

사랑이 무엇인지도 모르고 살아왔습니다. 성(性)에 끌려 요동치는 몸뚱아리의 욕망도 사랑입니다. 그 욕망을 해결한 마음은 허전합니다. 내 마음은 어느 틈엔가 진짜 사랑을 찾아 외롭다 울부짖습니다.

인간이 어떻게 해야 아름다운 사랑을 할 수 있는지 시(詩)를 통해 하나하나 깨우치도록 이끌어주는 책이라 생각합니다. 이 책 한 장 하나하나를 주제로 활발한 이야기가 일어날 수 있기를 바라봅니다.

— 이광호(시시詩視한 대학 학장)

'성과 사랑' 이야기를 통해 우리가 추구하며 붙잡으려고 하는 몸과 정신세계를 보여 주고 있습니다.

인간 삶에 대한 진정한 이해를 원하는 분에게 이 책을 권합니다.

- 전인득(전 포항제철중학교 교장)

작은 짐승

난(蘭)이와 나는
역시 느티나무 아래서 말없이 앉아서
바다를 바라다보는 순하디순한 작은 짐승이었다.

- 신석정, 〈작은 짐승〉 부분

한 남자와 한 여자가 사랑할 때, 상대방은 모든 이성을 대표하고, 그 시간은 모든 시간을 대표한다.
- 본문 중에서 -

이 책을 읽으며 '나의 성(性)과 사랑 이야기'가 금기와 환상을 넘어 아름다운 삶의 본모습으로 다시 태어나는 소중한 시간을 가졌다.

- 노봉수(전 어린이집 교사)

사랑이란 과연 무엇일까.

머리로 알 수 있는 걸까, 아니면 마음과 몸으로 느껴야 하는 걸까. 책장을 넘기는 동안 서서히 깨닫는다. 사랑은 머리가 아니라, 마음과 몸이 함께 부딪히며 체험하는 것임을.

- 이유리(교사)

고석근 선생님의 이번 책은 제목이 눈길을 끈다. '성과 사랑'에 관해 시선을 멀리 두어 전반을 내다보게 한다. 내게 평소 성性은 뱀딸기 같은 것이었다. 독이 있을지도 몰라, 움찔 물러섰다. 탐스럽지만 먹어서는 안 되는 것. 풀밭에서 뛰어놀던 어릴 적부터 '멀리해야 할 것'으로 호명된 서글픈 이름이다.

이 책은 내가 아직도 무엇을 두려워하고 있고, 사랑해야 하는지를 일러준다. 경계에 놓인 나를 무너뜨린다. 애써 외면했던 본성의 풀밭 속에서 모처럼 스르륵, 뱀 한 마리와 마주치게 해 깜짝 놀라게 한다.

- 전미란(수필가)

心의 흐름이다. 우리는 하루에도 수십 번 희(喜)·노(怒)·애(哀)·구(懼)·애(愛)·오(惡)·욕(欲)을 돌며 心을 흘려보내며 산다. 수많은 사람이 흘려흘려 버린 心은 시대마다 다른 빛을

내며 다음 세대로 또 다른 시간으로 넘어와 지금에 우리와 합류한다.

心은 性으로 환생한다. '씨앗을 품고 공들여 보살피면 언젠가 싹이 돋는 사랑은 야채 같은 것' 시인의 心은 씨앗을 품을 의지와 공들여 보살필 희생과 언젠가 싹이 돋은 야채를 지배된 사랑이 아닌 자유로움으로, 온몸으로 받아들이는 것이란다. 그것이 사랑이라며 시인의 心은 야채를 받아들여 性으로 환생한다.

작가는 서로에게 야채인 부부의 性, 마음(心)이 어찌 살아야(生) 하는지 시인의 시로 길을 안내한다. 그리고 다음 장은 남자 아니면 여자인 이원의 세상에서 그들이 품은 性을 마음(心)으로 파헤쳐 보이고 쓰다듬고 바로 세워 살리(生)게 한다. 그러다 다음 장은 그 남녀를 합하여 살게 한다. 곧 어린 시절로도 풋풋한 시절로도 노년의 시절로도 한 개인의 시간처럼 넘나든다. 그리곤 나의 心이 흘렀던 性으로 이어진다.

은밀한 性은 흐를 수 없다. 고이고 고여 썩은 내를 흠씬 풍긴다. 性은 흘러야 한다. 노자의 상선약수(上善若水)처럼 살아서 흘러야 한다. 하지만 요즘, 이별하자는 여성을 죽이고, 어린아이를 납치하고, 싫다는데 소유하려는 고립된 性으로 무서울 지경이다.

이런 사회에서 작가는 性으로 心을 흘려보내고 있다. 이성이 독재하는 이 시대에 내 마음은 어디로 흐르고 어디로 가는지 나의 性을 心으로 들여다볼 기회로 이 작품에 몰입해 본다.

- 최선인(최선인 논술학원 원장)

시인이신 샘이여!!
성(性)과 사랑이라뇨?
생각만 해도 떨리는
말만 들어도 가슴이 요동치는
살면서 빠지면 안 되는 사랑을 전하고 싶은가 봅니다.
이슬만 먹고 사랑할 수 있기를
성(性)이 시(詩)일 수 있기를
너울너울 사랑으로 넘실대는 세상을 기다리나 봅니다.
글을 읽고 꿈을 꾸는 순간은 행복합니다.
세상이 웃음들로 가득합니다.

- 김자영(전 산방과후학교 교사)

 남이 차린 밥상을 받기만 한 사람이 상 차리는 정성을 알까요? 상에 음식을 올리기 위해 들밭에서, 바다에서 애쓰는 사람들의 수고로움을 알까요?
 고석근 선생님께서는 인생의 밥상에 손수 길러낸 담백한 음식을 주변과 더불어 함께 차리십니다. 시를 읊고 논하며 삶에서 인문의 지혜를 찾으며 매일 매일을 잔치처럼 지내십니

다. 선생님 잔치에 참여하고 싶으신가요? 당신을 초대합니다!

- 차종숙(교사)

인문학 강의의 길을 30년 동안 걸어오신 고석근 선생님께 깊은 감사와 축하를 드립니다. 20권이 넘는 저서를 출판하시고, 수많은 제자의 삶에 큰 울림을 주신 선생님의 걸음은 참으로 귀합니다.

이번에 출간된 『시와 함께 읽는 '성과 사랑' 이야기』는 우리를 블리스(bliss, 더없는 기쁨)의 길로 이끄는 안내서이자, 신비와 충만함으로 마음을 열어주는 귀한 책입니다.

- 소미영(전 부천아이쿱생협 이사장)

낼모레면 50을 바라보는 나이,

결혼 20년을 채운 나는 아직도 성이라는 단어에 움츠러든다.

밤새 뜨거운 입김을 나눈 신랑과도 아침이면 데면데면하기 일쑤다.

선생님의 입에서 뱉어지는 성기, 섹스, 음부라는 말이 야하지 않다.

담백하게 들린다.

음흉함이 없어서일까? 진실해서일까?

시와 성과 삶을 잘 버무려 매끄럽게 읽힌다.

더 나이 들기 전에 높은 단계 사랑의 욕구를 맘껏 누려야겠다.

- 서연숙(개인사업자)

마흔에 사춘기가 왔다. 뒤늦게 찾아온 사춘기는 매서운 강풍으로 가족들을 힘들게 했다. 우연히 선생님의 인문학 수업을 듣게 되어 벌써 10년 넘게 매주 수업을 듣고 있다.

선생님 수업은 매섭다. 혹독하다. 그러나 듣다 보면 숨겨진 멋진 나를 발견할 수 있다. 지금은 선생님 덕분에 성교육 강사, 성 상담사라는 일을 통해 행복한 하루하루를 살아가고 있다.

방황하는 분들이여~

미래를 고민하는 분들이여~

꼭 읽어보길 바란다.

책 속에서 희망과 지혜를 얻을 것이다.

당신들의 길을 찾을 수 있을 것이다.

- 박지영(성교육 강사, 성 상담사)

처음에는 성에 대한 불편함이 있어 첫 장을 넘기기가 쉽지 않았다. 하지만 이내 책을 읽고 생각을 바꿨다. 성을 침묵하는 사회에서 빛나는 지침서가 되어 평화를 되찾았으면 한다.

- 양희우(작가 지망생)

성과 사랑의 이야기를 감추거나 부끄러워하지 않고, 인간사의 일부로서 인문학적 관점에서 풀어내는 작가님. 금기처럼 여겨졌던 '성과 사랑'을 시원하고 쉽게 설명해주신다. 많은 이들이 반드시 읽어야 할 책이라 생각하며, 필독서가 되기를 소망한다.

- 공인애(독립서점 '빛나는 친구들' 대표)

영화는 스크린에서 끝나지 않는다.
극장이라는 어둠 속에서,
우리는 다시 태어나고 잃어버린 자유를 되찾는다.

극장에서 영화를 자유롭게 즐길 때, 잃어버린 유토피아는
빛으로 되살아나 우리를 새로운 존재의 장으로 이끈다.

자연스럽게 혹은 자유롭게

영화 에세이 | 이재복 지음

박성준 평론집
안녕, 나의 페르소나

내가 사랑할 수 있는 전부가 고작 '슬픔'이라는 것을
알게 된 지금, 내가 사랑했던 그 모든 당신들을
나의 얼굴이라 부르기로 했다.

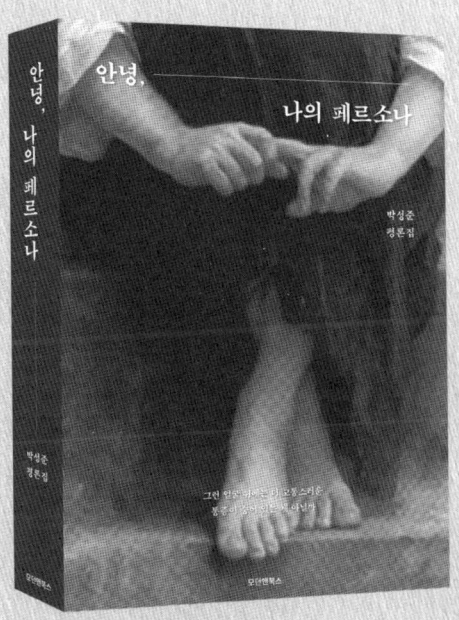

" 그런 얼굴 뒤에는 더 고통스러운

통증이 숨어 있는 게 아닐까 "

publisher　　instagram

시(詩)가 머문 자리 성(性)의 그림자, 사랑의 빛

초판 발행 2025년 12월 3일
지은이 고석근
펴낸이 최대석 **펴낸곳** 행복우물 **출판등록** 307-2007-14호
등록일 2006년 10월 27일
주소 a1. 서울특별시 종로구 종로1길 50 더케이트윈타워 B동 위워크 2층
　　　a2. 경기도 가평군 경반안로 115
전화 031-581-0491
전자우편 book@happypress.co.kr
정가 17,000원　**ISBN** 979-11-94192-48-0(03810)